Szvámi Srí Juktésvar

ज्ञानावतार स्वामी श्रीयुक्तेश्वरेण प्रणीतम्

कैवल्यदर्शनम्

Kaivalja Darsanam

A Szent Tudomány

Dzsányavatár Szvámi Srí Juktésvar Giri

Eredeti cím angolul a Self-Realization Fellowship,
Los Angeles (Kalifornia) kiadásában:
The Holy Science

ISBN: 978-0-87612-051-4

Magyar nyelvre fordíttatta a Self-Realization Fellowship

Copyright © 2025 Self-Realization Fellowship

Minden jog fenntartva. A könyvismertetőkben megjelenő rövid idézetek kivételével *A szent tudomány* (*The Holy Science*) egyetlen részlete sem sokszorosítható, tárolható, közvetíthető vagy mutatható be semmilyen formában és semmilyen jelenleg ismert vagy a jövőben kidolgozott módon (elektronikusan, mechanikusan vagy másként) – beleértve a fénymásolást, rögzítést, illetve bármely egyéb információtároló és -visszakereső rendszer – a kiadó előzetes írásbeli engedélye nélkül: Self-Realization Fellowship, 3880 San Rafael Avenue, Los Angeles, California 90065-3219, U.S.A.

 A Self-Realization Fellowship
Nemzetközi Kiadványok Bizottságának engedélyével

1920-ban Szvámi Srí Juktésvar legfontosabb tanítványát Paramahansza Jógánandát az Egyesült Államokba küldte, hogy elhozza a nyugati világnak India ősi jóga-tudományát. Paramahanszadzsí még ebben az évben Guruja kérésére megalapította a Self-Realization Fellowship szervezetet azzal a céllal, hogy eszközül szolgáljon a Krijá-jóga és az SRF-Guruk tanításainak terjesztésére a világban. A Self-Realization Fellowship név és embléma (lásd fent) valamennyi SRF-könyvön, felvételen és egyéb kiadványon megjelenik, szavatolva az Olvasónak, hogy a mű a Paramahansza Jógánanda által alapított társaságtól származik, és híven tolmácsolja a Mester tanításait.

A magyar kötet első kiadása: 2025
First edition in Hungarian, 2025
Nyomtatás 2025
This printing 2025

ISBN: 978-1-68568-204-0

1339-J8281

TARTALOM

Előszó vi
Ajánlás viii
Bevezetés 3
1. fejezet: Az evangélium 21
2. fejezet: A cél 45
3. fejezet: Az eljárás 55
4. fejezet: A kinyilatkoztatás 89
Összefoglalás 99
A szerzőről 101
További Források 113
Egy Jógi Önéletrajza 116

Fényképek

Szvámi Srí Juktésvar *(címlapkép)*

Szvámi Srí Juktésvar és Paramahansza Jógánanda
Kalkuttában, 1935 x

Szvámi Srí Juktésvar Paramahansza Jógánandával az utolsó
Napforduló-ünnepségen Szerampórban, 1935 xi

ELŐSZÓ

Minden tájon és korban akadtak próféták, akik sikerrel jártak istenkeresésükben. A valódi megvilágosodás, a *nirvikalpa szamádhi* állapotába belépve e szentek ráeszméltek a minden név és forma mögött rejlő Legfelsőbb Valóságra. Az ő bölcsességük és spirituális tanácsaik alkotják a világ szentírásait. Jóllehet ezeket ránézésre különbözővé teszik szavaik tarka palástjai, egytől egyig a Szellem ugyanazon lényegi igazságainak kifejeződései – némelyik nyílt és világos, mások rejtett vagy jelképes értelműek.

Az én *gurudévá*m, a szerampóri Dzsnyánavatár[1] Szvámi Srí Juktésvar (1855–1936) rendkívüli módon alkalmas volt arra, hogy felismerje az alapvető egységet a kereszténység szentírásai és a *Szanátana Dharma* között. A szent szövegeket elméje makulátlan vizsgálóasztalára helyezve képes volt intuitív okfejtésének bonckése alá venni őket, különválasztva a bölcselettudósok betoldásait és téves értelmezéseit a próféták által eredendően kinyilatkoztatott igazságoktól.

Dzsnyánavatár Szvámi Srí Juktésvar csalhatatlan spirituális éleslátásának köszönhető, hogy most e könyv révén lehetségessé válik megteremteni a lényegi összhangot a *Jelenések könyve*, e bonyolult bibliai szöveg, illetve India *szánkhja*

---

1 „A bölcsesség megtestesülése"; a szanszkrit *dzsnyána*, vagyis „bölcsesség", és *avatára*, azaz „isteni megtestesülés" kifejezésekből. *(A kiadó megjegyzése)*

filozófiája között.

Amint azt *gurudévá*m a bevezetésében kifejti, e sorokat Bábádzsí, Láhíri Mahásaja szent *gurudévá*ja kérésének engedelmeskedve vetette papírra, aki viszont Srí Juktésvar *gurudévá*ja volt. Az *Egy jógi önéletrajza*[2] című könyvemben bővebben is bemutattam e három nagy mester krisztusi életét.

*A szent tudomány*ban idézett szanszkrit *szútrák* élesebb megvilágításba fogják helyezni a Bhagavad-gítát és India más, jelentős szentírásait.

Paramahansza Jógánanda

A Dvápara Júga 249. évében (Kr. u. 1949)

---

2 Lásd 118. old. *(A Kiadó megjegyzése.)*

AJÁNLÁS

W. Y. Evans-Wentz, a művészetek mestere, a bölcsészet- és természettudományok doktora,
a *Tibeti halottaskönyv* szerkesztője,
a *Tibet's Great Yogi Milarepa* és a
Tibetan Yoga and Secret Doctrines szerzője

„Igazi kitüntetést jelentett számomra, hogy megismerkedhettem... Srí Juktésvar Girivel. A tiszteletreméltó szent képmása *Tibetan Yoga and Secret Doctrines* című könyvem címlapján is megjelenik. Az orisszai Puriban, a Bengáli-öbölnél esett meg, hogy találkoztam Srí Juktésvarral. Ő akkoriban egy békés *ásram* vezetője volt ott a tengerpart közelében, és főként egy csoport ifjú tanítvány spirituális képzésével foglalatoskodott... Srí Juktésvar arckifejezése és hangja nyájas volt, megjelenése kellemes, s egészében méltó volt arra a tiszteletteljes hódolatra, amellyel követői önkéntelenül is övezték. Aki csak ismerte – lett légyen bár saját közösségének tagja vagy kívülálló –, a legnagyobb megbecsüléssel adózott személyének. Élénken él emlékezetemben magas, egyenes, aszketikus alakja – olyan sáfrányszín köntös borította, amelyet azok hordanak, akik lemondtak a világi törekvésekről –, amint ott állt a remetelak kapujánál, hogy szíves fogadtatásban részesítsen. Srí Juktésvar evilági lakhelyéül Puri szent városát választotta, ahová nap mint nap tömegestül áradnak az áhítatos hinduk India valamennyi tartományából Dzsagannáth, „a Világ Ura" nevezetes templomába tett zarándokútjukon. Puriban történt azután, hogy Srí Juktésvar 1936-ban lehunyta halandó szemeit, s e mulandó létformát maga mögött hagyván továbbindult abban a tudatban, hogy földi megtestesülése diadalmas beteljesülést nyert.

Valóban örömmel tölt el, hogy lejegyezhetem Srí Juktésvar nemes jellemének és szentségének e tanúságtételét."

Szvámi Srí Juktésvar és Paramahansza Jógánanda,
Kalkutta, 1935

Szvámi Sri Juktésvar és Paramahansza Jógánanda egy vallási ünnepségen Sri Juktésvar Szerampóri ashramjában, 1935. decemberében. Másnap a nagy Guru magához hívatta szeretett tanítványát és átruházta reá rendháza vezetésének és spirituális munkája folytatásának felelősségét: "Földi küldetésem befejeződött; neked kell folytatni... Mindent a te kezedbe adok."

A
Szent
Tudomány

BEVEZETÉS

चतुर्नवत्युत्तर शतवर्षे गते द्वापरस्य प्रयागक्षेत्रे ।
सदर्शनविज्ञानमन्वयार्थं परमगुरुराजस्याज्ञान्तु प्राप्य ॥
कड़ारवंश्यप्रियनाथस्वामिकादम्बिनीक्षेत्रनाथात्मजेन ।
हिताय विश्वस्य विदग्धतुष्ट्ये प्रणीतं दर्शनं कैवल्यमेतत् ॥

[E *Kaivalja darsanam*ot (a Végső Igazság ismertetését) Prija Náth Szvámi[1], a Karár családbéli Ksetranath és Kadambiní fia írta.

A Nagy Tanítómester (Mahávatár Bábádzsí) kérésére Alláhábádban, a jelen Dvápara Júga 194. esztendejének vége felé látott napvilágot eme ismertetés a világ javára.]

E könyv célja a lehető legvilágosabban bemutatni, hogy valamennyi vallás lényegi egységet alkot; hogy az eltérő hitrendszerek által hirdetett igazságok között nincs különbség; hogy mindössze egyetlen mód létezik, amely szerint a világ – mind a benső, mind a külvilág – kialakult; s hogy valamennyi

---

[1] A szerzőt 1894-ben, amikor e könyv íródott, Bábádzsí ruházta fel a „Szvámi" címmel. Később a bihári Bódh Gajá *mahant*jától (rendházfőnökétől) hivatalosan is megkapta a beavatást a Szvámi-rendbe, amikor is felvette a Srí Juktésvar szerzetesi nevet. Srí Juktésvar a Szvámi-rend *Giri* („hegy") ágához tartozott. (A Kiadó megjegyzése.)

Bevezetés

szentírás csupán egyetlen Célt ismer el. Ám ez az alapvető igazság nem érthető meg egykönnyen. A különböző vallások között fennálló viszály és az emberi tudatlanság szinte lehetetlenné teszi, hogy fellebbentsük a fátylat, és rányissuk szemünket e nagyszerű igazságra. A különböző hitvallások a gyűlölség és széthúzás szellemét táplálják; a tudatlanság pedig még inkább kitágítja a szakadékot, amely az egyik hitet a másiktól elválasztja. Alig néhány, különleges adottságokkal rendelkező személy képes függetleníteni magát meggyőződéses hitének befolyásától, és felismerni a világ nagy vallásai által hirdetett igazságok tökéletes egybecsengését.

E könyv célkitűzése rámutatni a különféle vallások alapvető összhangjára, és segítséget nyújtani összekapcsolásukhoz. A feladat valóban herkulesi, ám Alláhábádban szent parancsszóval bízták reám e küldetést. Alláhábád, a megszentelt *Prajága Tírtha*, amely a Gangesz, a Jamúna és a Szaraszvati összefolyásánál fekszik, olyan hely, ahol a világi emberek és az áhítatos hívők összegyűlnek a *Kumbha-mélá* idején. A világi emberek képtelenek felülemelkedni földi korlátaikon, amelyek közé önmagukat zárták; éppígy a világról egyszer már lemondott, áhítatos hívők sem hajlandóak leereszkedni és újra elvegyülni annak forgatagában. Ám azoknak, akik teljesen elmerülnek az evilági ügyekbe, kétségtelenül szükségük van segítségre és útmutatásra ama szent lényektől, akik fényt hoznak az emberi fajnak. Lennie kell tehát egy helynek, ahol e két csoport között az egyesülés végbemehet. A *Tírtha* pontosan ilyen találkozóhely. Mivel egy világi folyóparton fek-

A Szent Tudomány

szik, amelyre viharok és csapások nem hatnak, az emberiség javára szolgáló üzeneteket terjesztő *szádhu*k (aszkéták) eszményi helyszínnek találják a *Kumbha-mélá*t, hogy megosszák tanításukat mindazokkal, akik hajlandóak megszívlelni.

Egy ilyen jellegű üzenet hirdetésére választottak ki engem is, amikor ellátogattam az Alláhábádban 1894 januárjában tartott *Kumbha-mélá*ra. Miközben a Gangesz partján sétáltam, odahívott magához egy férfi, később pedig abban a megtiszteltetésben részesültem, hogy találkozót adott nekem egy kiemelkedő szent ember, Bábádzsí, aki a saját gurum, a benáreszi Láhíri Mahásaja *gurudévá*ja volt. Ekként – bár korábban nem ismertem őt – a *Kumbha-mélá* e szent személyisége a saját *paramgurudzsí maharádzs*om[2] volt.

Bábádzsível folytatott beszélgetésem során szóba került az emberek ama sajátos osztálya, amely manapság e zarándokhelyeket felkeresi. Én szerényen felvetettem, hogy bőven akadnak, akik sokkal intelligensebbek az ünnepség akkori résztvevőinek zöménél, ám ezek az emberek a világ távoli tájain – Európában és Amerikában – élnek, más hitvallást követnek, és mit sem tudnak a *Kumbha-méla* valódi jelentőségéről. Ők alkalmasak volnának ugyan rá, hogy szellemi közösséget alakítsanak ki az áhítatos hívőkkel, már ami az

---

2 A *paramguru* szó szerint annyit tesz, mint „felettes tanítómester", vagyis az ember gurujának a guruja. A *dzsí* toldalék a tisztelet kifejezésére szolgál. A *maharádzs*, avagy „nagy király" pedig olyan cím, amelyet gyakran fűznek hozzá a kivételes spirituális személyiségek nevéhez. (*A kiadó megjegyzése.*)

Bevezetés

intelligenciát illeti; ám a távoli országok eme értelmiségijei sok esetben sajnos a kérlelhetetlen materializmus mellett kötelezték el magukat. Mások pedig – jóllehet a természet- és bölcselettudomány birodalmában végzett kutatásaik hírnevet szereztek nekik – nem ismerik fel a vallásban rejlő lényegi egységet. A különböző hitvallások majdhogynem áthághatatlan akadályokat állítanak közénk, s félő, hogy örökre el fogják választani egymástól az emberiség tagjait.

*Paramgurudzsí maharádzs*om, Bábádzsí elmosolyodott, és miután megtisztelt a Szvámi címmel, reám ruházta e könyv megírásának feladatát. Bár magam sem tudom, milyen okból, de arra választattam ki, hogy ledöntsem az emberek közötti korlátokat, és segítsek kimutatni a valamennyi vallásban ott rejlő, alapvető igazságot.

E könyv négy fejezetre oszlik, amiképpen a tudás fejlődésének is négy szakasza van. A vallás legmagasabb rendű célja az *Átmadzsnyánam*, az Én megismerése. Ám ennek megvalósításához a külvilág megismerése is elengedhetetlen. Így hát e könyv első fejezetének tárgya a वेद (*véda*), az evangélium, s a teremtés alapvető igazságainak megfogalmazására, valamint a világ fejlődésének és hanyatlásának leírására törekszem benne.

Megállapíthatjuk, hogy a teremtés láncolatában valamennyi lény – a legmagasabbtól a legalacsonyabb rendűig – buzgón igyekszik három dolog megvalósítására, amelyek a következők: Létezés, Tudatosság és Üdvös Boldogság. E cé-

A Szent Tudomány

lok vagy célkitűzések adják könyvünk második fejezetének témáját. A harmadik fejezet e három életcél megvalósításának módjával foglalkozik, a negyedik pedig azokat a kinyilatkoztatásokat tárgyalja, amelyekben azok részeltetnek, akik messzire jutottak a három életeszmény megvalósításának útján, és igen közel kerültek végcéljukhoz.

E könyv megírása során azt a módszert alkalmaztam, hogy először mindig közlöm a keleti bölcsek egy szanszkrit nyelvű tételét, majd a Nyugat szentírásaira tett utalásokkal magyarázom meg azt. Ily módon minden tőlem telhetőt igyekeztem megtenni annak bizonyítására, hogy valójában nemhogy ellentmondás, de még valódi eltérés sincs Kelet és Nyugat tanításai között. Remélem, e könyv jelentősége mellett nem fognak elsiklani mindazok, akiknek szól – már csak azért sem, hiszen *paramgurudévá*m ihletésére látott napvilágot a Dvápara Korszakban, amikor valamennyi tudományág sebes fejlődésen megy keresztül.

Most pedig egy rövid fejtegetéssel, amelyben a *júgá*k, vagyis korszakok matematikai számításmódja is szerepel, szeretném megvilágítani a tényt, hogy a jelenlegi világkorszak a Dvápara Júga, s hogy ebből mára (Kr. u. 1894-re) 194 esztendő eltelt, gyors ütemű fejlődést hozva az ember ismereteinek terén.

A keleti csillagászatból tudjuk, hogy a holdak bolygóik körül keringenek, s a tengelyük körül forgó bolygók holdjaikkal egyetemben a Nap körül keringenek; a Nap pedig bolygóitól és holdjaitól övezve párjául választ egy másik csillagot, és nagyjából 24 ezer földi év alatt leír körötte egy kört – ez az égi jelenség okozza a napéjegyenlőségi pontok hátrafelé haladó mozgását az állatöv mentén. A Nap egy másik mozgást is végez, éspedig egy hatalmas középpont, az úgynevezett *Visnunábhi* körül kering, amely a teremtő erő, *Brahma*, az egyetemes vonzás székhelye. *Brahma* szabályozza a *dharmá*t, a benső világ szellemi erényét.

Amikor a Nap a társa körüli körforgásában a legközelebb jut e nagy középponthoz, *Brahma* székhelyéhez (ez az esemény akkor következik be, amikor az őszpont eléri a Kos csillagkép első pontját), a *dharma*, a szellemi erény olyan fejletté válik, hogy az ember könnyűszerrel képes megérteni mindent, még a Szellem misztériumait is.

Az őszi napéjegyenlőség pontja a huszadik század elején a Szűz csillagkép állócsillagai közé fog esni, s ekként az emelkedő Dvápara Júga korai időszakát határozza meg.[3]

12 ezer esztendő múltán, amikor a Nap eljut pályáján arra a helyre, amely a legtávolabb esik *Brahmá*tól, a nagy középponttól (ez az esemény akkor következik be, amikor az őszpont eléri a Mérleg csillagkép első pontját), a *dharma*, a szellemi erény olyannyira lehanyatlik, hogy az ember a durva anyagi világon kívül semmit sem képes felfogni. Majd amikor a Nap körforgása során ismét megindul a nagy közép-

---

3 Lásd az ábrát a 9. oldalon.

ÁBRA

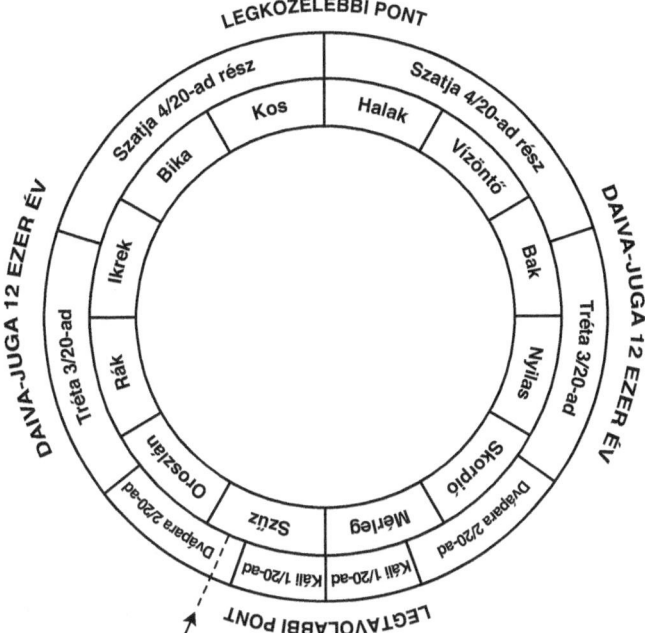

A Halakkal szembeni csillagjegy a Szűz. Az őszpont jelenleg a Szűz csillagképbe esik; az ellentétes pont, a tavaszpont tehát napjainkban szükségképpen a Halakba. Ennélfogva a nyugati metafizikusok, akik döntő jelentőséget tulajdonítanak a tavaszpontnak, azt mondják, hogy világunk jelenleg a „Halak korszakát" éli.

A napéjegyenlőségi pontok hátrafelé mozognak a csillagképekben; következésképpen, amikor elhagyják a Halak-Szűz csillagképpárost, a Vízöntőbe, illetve az Oroszlánba fognak belépni. Szvámi Srí Juktésvardzsí elmélete szerint a világ Kr. u. 499-ben lépett be a Halak-Szűz korszakába, így a Vízöntő-Oroszlán korba kétezer esztendővel később, Kr. u. 2499-ben fog belépni. (*A Kiadó megjegyzése.*)

ponthoz legközelebb eső hely felé, a *dharma*, a szellemi erény is fejlődésnek indul; e gyarapodás a rákövetkező 12 ezer esztendő folyamán fokozatosan kiteljesedik.

Minden ilyen 12 ezer éves periódus gyökeres változást hoz mind külsődlegesen, az anyagi világban, mind bensőleg, az intellektuális, avagy elektromos világban, s ezt az időszakot Daiva Júgának vagy az Elektromos Pár egyik felének nevezik. Ekként a Nap egy 24 ezer esztendős időszak alatt tesz meg egy teljes fordulatot párja körül, illetve végez be egy elektromos ciklust, amelynek során pályája 12 ezer éven át felfelé, másik 12 ezer éven keresztül pedig lefelé ível.

A *dharma*, a szellemi erény fejlődése csak fokozatos, és egy 12 ezer esztendős időszak folyamán négy különböző szakaszra oszlik. Az 1200 éves időtartamot, amelynek során a Nap végighalad pályájának 1/20-ad részén (*lásd* az ábrát), Káli Júgának nevezzük. A *dharma*, a szellemi erény ekkor első szakaszában leledzik, és csupán negyedrészt fejlődött ki; az emberi értelem képtelen bármi egyebet felfogni az örökké változó teremtés durva anyagán, a külvilágon kívül.

A 2400 esztendős időszakot, amelynek során a Nap pályájának 2/20-ad részét teszi meg, Dvápara Júgának nevezzük. A *dharma*, a szellemi erény ekkor fejlődésének második szakaszába lép, és félútig jut a kiteljesedés felé; az emberi értelem immár képes megérteni a finom anyagi alkotóelemeket avagy elektromos erőket és sajátságaikat, amelyek a külvilág teremtőelvei.

A Szent Tudomány

Azt a 3600 éves időszakot, amelynek során a Nap pályájának 3/20-ad részét járja be, Tréta Júgának hívjuk. A *dharma*, a szellemi erény ekkor fejlődésének harmadik szakaszát éli; az emberi értelem képessé válik felfogni az isteni mágnességet, mindennemű elektromos erő forrását, amelyen a teremtett világ léte nyugszik.

A 4800 esztendős időszakot pedig, amely alatt a Nap megteszi pályájának maradék 4/20-ad részét, Szatja Júgának nevezzük. A *dharma*, a szellemi erény ekkor a negyedik szakaszba lép, és kiteljesíti fejlődését, az emberi intellektus végre mindent képes megérteni, még a látható világon túli Istent, a Szellemet is.

Manu, a Szatja Júga nagy *risi*je (megvilágosodott bölcse) világosabb leírást ad e júgákról *Szamhitá*jának következő szakaszában:

चत्वार्याहुः सहस्राणि वर्षाणान्तु कृतं युगम् ।
तस्य तावच्छती सन्ध्यां सन्ध्यांशश्च तथाविधः ॥
इतरेषु ससन्ध्येषु ससन्ध्यांशेषु च त्रिषु ।
एकापायेन वर्तन्ते सहस्राणि शतानि च ॥
यदेतत् परिसंख्यातमादावेव चतुर्युगम् ।
एतद् द्वादशसाहस्रं देवानां युगमुच्यते ॥
दैविकानां युगानान्तु सहस्रं परिसंख्यया ।
ब्राह्ममेकमहर्ज्ञेयं तावती रात्रिरेव च ॥

Bevezetés

[Úgy mondják, négyezer esztendő a Krita Júga (Szatja Júga vagy a világ „Aranykora"). Felvirradása ugyanennyi századból áll, s még egyszer ennyi idő, mire bealkonyul (vagyis 400+4000+400=4800). A többi három korszak időtartama sorra egy-egy évezreddel, pirkadatuk és alkonyuk tartama pedig sorra egy-egy évszázaddal csökken (vagyis 300+3000+300=3600 stb.). E 12 ezer esztendőt számláló, négyszeres ciklust nevezzük az Istenek egy Korszakának. Ezer isteni korszak együttvéve alkotja Brahma egy napját; és ugyanilyen hosszú Brahma éjszakája is.]

A Szatja Júga időszaka 4000 esztendeig tart; a konkrét korszak előtt és után 400 évre terjednek a *szandhi*jai vagy átalakulási periódusai a megelőző júgából, illetve az utána következő júgába; ekként a tulajdonképpeni Szatja Júga 4800 évet ölel fel. A többi júga vagy *júgaszandhi* tartamának kiszámításához meghatározták, hogy mindig egyet kell levonni a megelőző júgák és *szandhi*k tartamát jelző évezredek, illetve évszázadok számából. E szabályból kitűnik, hogy a Tréta Júga hossza 3000 év, *szandhi*jai, vagyis az átalakulás időszakai pedig a megelőző és az utána következő 300-300 évet ölelik fel, ami együttesen 3600 esztendőt tesz ki.

A Dvápara Júga tehát 2000 évig tart, *szandhi*jai a megelőző és utána következő 200-200 évre terjednek ki; együttvéve tehát e kor 2400 esztendőt tesz ki. És végül 1000 évig tart a Káli Júga, *szandhi*jai az előtte és utána következő 100-100 évet ölelik fel; ami együttesen 1200 év. Ekként 12 ezer

A Szent Tudomány

esztendő, e négy júga összesített időtartama teszi ki a Daiva Júgát vagy az Elektromos Pár egyik felét, amelyből kettő, azaz 24 ezer év teljesíti ki az elektromos ciklust.

Kr. e. 11 501-től fogva, amikor az őszpont a Kos csillagkép első pontján helyezkedett el, a Nap megkezdte távolodását pályájának a nagy középponthoz legközelebbi helyétől a legmesszebbi felé, s ennek megfelelően az ember intellektuális képessége is hanyatlásnak indult. A 4800 év alatt, amennyibe a Napnak telt, hogy végighaladjon a Szatja-pár egyik felén, avagy pályájának 4/20-ad részén, az emberi értelem teljességgel elveszítette ama képességét, hogy megragadja a spirituális tudást. A rákövetkező 3600 év folyamán, mialatt a Nap bejárta pályáját a leszálló Tréta Júga korszakában, értelmünk fokozatosan képtelenné vált az isteni mágnesség megértésére. Az eztán következő 2400 év során, amíg a Nap továbbhaladt pályáján a leszálló Dvápara Júga korszakában, az emberi értelem elveszítette azon képességét, hogy felfogja az elektromos erőkkel és sajátságaikkal kapcsolatos tudást. További 1200 évig haladt tovább a Nap a leszálló Káli Júga korában, és elérte pályájának azt a pontját, amely a legtávolabb esett a nagy középponttól; az őszpont ekkor a Mérleg csillagjegy első pontján helyezkedett el. Az ember intellektuális képességei oly mélyre hanyatlottak, hogy többé már semmit nem volt képes felfogni a teremtett világ durva anyagán kívül. A Kr. u. 500 körüli időszak volt tehát a Káli Júga és egyben a teljes 24 ezer esztendős ciklus legsötétebb szakasza. A

Bevezetés

történelem is alátámasztja az indiai *risik* ősi számításainak pontosságát, hiszen e korszakban általános tudatlanságról és szenvedésről számol be valamennyi nemzet körében.

Kr. u. 499-től kezdődően a Nap ismét megindult pályáján a nagy középpont irányába, és az ember értelme fokozatosan fejlődni kezdett. Az emelkedő Káli Júga 1100 éve során, vagyis Kr. u. 1599-ig az emberi értelem oly tompa maradt, hogy képtelen volt felfogni az elektromos erőket, a *szúksmabhútát*, a teremtett világ finom anyagi alkotóelemeit. Általánosságban szólva politikai téren sem honolt béke egyetlen királyságban sem.

Ezt az időszakot követően, amikor a Káli Júga százesztendős átmeneti *szandhi*ja beköszöntött, hogy egységet alkosson a rákövetkező Dvápara Júgával, az emberek kezdték felismerni a finom anyagi alkotóelemek, a *pancsatanmátra* létezését, avagy az elektromos erők sajátságait; és lassanként a politikai béke is elkezdett megszilárdulni.

Kr. u. 1600 körül William Gilbert felfedezte a mágneses erőket, és megfigyelte az elektromosság jelenlétét minden anyagi szubsztanciában. 1609-ben Kepler a csillagászat fontos törvényeire derített fényt, Galilei pedig elkészített egy csillagászati távcsövet. 1621-ben a holland Drebbel feltalálta a mikroszkópot. 1670 körül Newton felfedezte a tömegvonzás törvényét. 1700-ban Thomas Savery gőzgépet használt szivattyúzásra, majd húsz évvel később Stephen Gray felfedezte az elektromosság hatását az emberi testre.

A Szent Tudomány

A politikai világban az emberek kezdtek tiszteletet tanúsítani egymás iránt, és a civilizáció számos területen előrehaladt. Anglia egyesült Skóciával, és hatalmas királysággá fejlődött. Bonaparte Napóleon bevezette új törvénykönyvét Dél-Európában. Amerika elnyerte a függetlenségét, és Európa számos vidékén béke honolt.

A tudomány fejlődésével a világot kezdték behálózni a vasutak és a sürgönydrótok. A gőzgépek, az elektromos berendezések és számos egyéb készülék segítségével munkára fogták a finom anyagi alkotóelemeket, jóllehet természetüket még nem értették világosan. 1899-ben, a Dvápara-szandhi, az átalakulás 200 éves időszakának végén kezdetét veszi majd a valódi 2000 esztendős Dvápara Júga, amely meghozza az emberiség számára az elektromos erők és sajátosságaik általános és átfogó megértését.

Ily hatalmas hát a világmindenséget kormányzó Idő befolyása. Senki sem vonhatja ki magát e befolyás alól, kivéve azt, aki a színtiszta szeretet áldásának, a természet égi ajándékának birtokában isteni jelleget ölt; miután megkereszteltetik a *Pránava* (a szent *Aum* rezgés) mennyei áramlásában, értelme rányílik Isten Országára.

A hindu csillagászati évkönyvekben nem helytállóan mutatják be a világ helyzetét a Dvápara-szandhi jelen korszakában (Kr. u. 1894-ben). Az évkönyvek számításait kidolgozó csillagászok és asztrológusok bizonyos szanszkrit tudósok (például Kulluka Bhatta) téves magyarázó jegyzeteire

Bevezetés

hagyatkoztak a Káli Júga sötét korszakával kapcsolatosan, és most azt állítják, hogy a Káli Júga hossza 432 ezer év, amelyből eddig (Kr. u. 1894-ig) 4994 telt el, s további 427 006 maradt hátra. Gyászos kilátás ez, ám szerencsére nem valós!

E tévedés először Pariksit rádzsa uralkodása idején talált utat az évkönyvekbe, közvetlenül az utolsó leszálló Dvápara Júga végét követően. Akkoriban Judhisthira mahárádzsa, felismervén a sötét Káli Júga beköszöntét, lemondott trónjáról unokája, az említett Pariksit rádzsa javára. Judhisthira mahárádzsa valamennyi bölcs udvari emberével egyetemben viszszavonult a Himalájába, a világ paradicsomkertjébe. Következésképpen Pariksit rádzsa udvarában senki sem maradt, aki helyesen tudta volna értelmezni a júga-időtartamok kiszámításának módját.

Ekként az akkor zajló Dvápara Júga 2400 esztendejének letelte után senki sem merte még nyilvánvalóbbá tenni a sötét Káli Júga beköszöntét azzal, hogy az első évvel megkezdi e korszak időszámítását, és véget vet a Dvápara-időszámításnak.

Az időszámítás e téves módszere szerint tehát a Káli Júga első esztendejét a Dvápara Júga 2401-ik esztendejeként tüntették fel. Kr. u. 499-ben, amikor a valódi Káli Júga 1200 éves tartama letelt, és a Nap elérte pályájának a nagy középponttól legtávolabb eső pontját (amikor az őszpont az égi Mérleg csillagkép első pontjára került), a Káli-korszaknak e legsötétebb periódusban az 1200. helyett a 3600. esztendejét írták.

A Szent Tudomány

Az emelkedő Káli Júga beköszöntével, Kr. u. 499 után a Nap közeledni kezdett pályáján a nagy középpont felé, s ennek megfelelően az ember intellektuális képességei is fejlődésnek indultak. Ennek köszönhetően a kor bölcsei kezdték felismerni a tévedést az évkönyvekben, majd megállapították, hogy az ősi *risi*k számításai mindössze 1200 évben szabták meg egy Káli Júga tartamát. Ám mivel e bölcsek értelme még nem fejlődött elég magas fokra, csak magát a tévedést tudták kimutatni, az oka azonban homályban maradt előttük. Közös megállapodással azt a vélelmet fogadták el, hogy az 1200 esztendő, a Káli-korszak valódi tartama nem földünk szabványos éveiben számítandó, hanem *Daiva*-esztendőkben (vagyis „isteni években"), amelyek 12, egyenként 30 *Daiva*-napot számláló *Daiva*-hónapból állanak – egy *Daiva*-nap pedig egy szabványos földi évnek felel meg. Tehát szerintük a Káli Júga 1200 esztendeje 432 ezer földi évvel kellett, hogy egyenlő legyen.

Ha azonban helytálló következtetésre akarunk jutni, számításba kell vennünk a tavaszpont helyzetét az 1894. esztendő tavaszán.

A csillagászati kézikönyvek tanúsága szerint a tavaszpont jelenleg 20°54'36" távolságra van a Kos csillagkép első pontjától (a Révati állócsillagtól), és mint a számításokból tüstént kitűnik, 1394 év telt el azóta, hogy a tavaszpont elkezdett távolodni a Kos első pontjától.

Ebből az 1394 évből levonva 1200 évet (az utolsó emelkedő Káli Júga tartamát), 194-et kapunk, vagyis azt az évszá-

Bevezetés

mot, amennyi idővel ezelőtt világunk belépett az emelkedő Dvápara Júgába. A régebbi évkönyvek tévedése mindjárt nyilvánvalóan megmutatkozik, ha ehhez az 1394 éves időszakhoz hozzáadjuk a 3600 évet, s eredményként megkapjuk a 4994 esztendőt – amely az uralkodó téves elméletnek megfelelően az idei évet (Kr. u. 1894-et) jelöli a hindu évkönyvekben.

[Az e könyvben szereplő ábrát szemügyre véve az olvasó látni fogja, hogy az őszpont jelenleg (Kr. u. 1894-ben) a Szűz csillagkép csillagai közé esik, az emelkedő Dvápara Júga időszakában.]

E könyvben olyan igazságok kerülnek említésre – például a mágnesség sajátságaival, auráival, az elektromos erők különböző fajtáival és egyebekkel kapcsolatban –, amelyeket a modern természettudomány még nem tárt fel teljes egészében. Az elektromosság öt fajtájának mibenléte könnyedén megérthető, ha az ember hajlandó figyelmét az idegek tulajdonságaira irányítani, amelyek színtisztán elektromos természetűek. Az öt érzékelőideg mindegyikének megvan a maga jellegzetes tulajdonsága, és sajátos funkciója. A látóideg a fényt továbbítja, nem pedig a halló- és egyéb idegek feladatait látja el; a hallóideg viszont kizárólag hangot továbbít, semmilyen más idegi funkciót nem tölt be, és így tovább. Világos tehát, hogy az elektromos erőknek öt fajtája létezik, a kozmikus elektromosság öt tulajdonságának megfelelően.

Ami a mágneses tulajdonságokat illeti, az emberi érte-

A Szent Tudomány

lem felfogóképessége jelenleg még oly korlátozott, hogy teljesen hiábavaló volna kísérletet tenni arra, hogy megértessük e tárgyat a nagyközönséggel. Az ember értelme a Tréta Júgában válik majd képessé az isteni mágneses erő sajátságainak felfogására (a következő Tréta Júga Kr. u. 4099-ben veszi kezdetét). Valóban akadnak olyan kivételes személyiségek napjainkban is, akik kivonva magukat az Idő befolyása alól, már ma is képesek megérteni azt, ami a közönséges ember számára felfoghatatlan, ám e könyv nem az ilyen emelkedett szellemeknek szól, hiszen őnekik semmi újat nem mond.

E bevezetés lezárásaként érdemes megfigyelnünk, hogy a különböző bolygók, a hét más-más napjain fejtvén ki befolyásukat, a saját nevüket kölcsönözték a megfelelő napoknak; hasonlóképpen kapták nevüket a hindu hónapok a különböző csillagképekről. Minden egyes nagy júgának erőteljes befolyása van az időszakra, amelyet lefed; ekként kívánatos, hogy az évszámokat megjelölő kifejezésekből kitűnjön, mely júgához tartoznak.

Mivel a júgákat a napéjegyenlőség pontjának helyzetéből számítják ki, a módszer, hogy az évszámokat a hozzájuk tartozó júgára hivatkozva adjuk meg, tudományos elven alapul; alkalmazása sok kényelmetlenséget hárít el, amelyek a múltban abból adódtak, hogy az egyes korszakokat az állócsillagok égi jelenségei helyett kiemelkedő személyiségek nevével társították. Következésképpen azt javasoljuk, hogy az esztendőt, amelyben ez a bevezetés született, Dvápara 194

Bevezetés

névvel és számmal illessük a Kr. u. 1894 helyett, s így az éppen zajló júga pontos idejére mutassunk rá. Indiában ez az időszámítási mód volt az általánosan elterjedt Vikramaditja rádzsa uralkodásáig, amikor a *szamvat*-időszámítást bevezették. Mivel a júga-alapú számítás ésszerűen kínálkozik, mi ezt követjük, és azt ajánljuk, hogy a nagyközönség is térjen át rá.

Most, a Dvápara Júga 194. évében a sötét Káli-korszak már rég tovatűnt, a világ kinyúl a spirituális tudás után, az emberek pedig szerető segítséget igényelnek egymástól. Remélem, hogy e könyv kiadása, amelynek megírására szent *paramguru maharádzs*om, Bábádzsí kért meg, jó spirituális szolgálatot fog tenni az emberiségnek.

Szvámi Srí Juktésvar Giri

Szerampór, Nyugat-Bengál
Dvápara 194. (Kr. u. 1894), falgun hó 26.

कैवल्यदर्शनम्

1. FEJEZET
वेदः AZ EVANGÉLIUM

1. SZÚTRA

नित्यं पूर्णमनाद्यनन्तं ब्रह्म परम् ।
तदेवैकमेवाद्वैतं सत् । १ ।

Parambrahma (Szellem vagy Isten) örökkévaló, teljes, kezdet és vég nélküli. Egyetlen, oszthatatlan Lény.[1]

Az Örökkévaló Atya, Isten, *Szvámi Parambrahma*, az egyetlen Valós Lényeg, *Szat*, amely a világegyetemben mindeneket eltölt.

Ezért nem fogható fel Isten. Az ember hite örökkévaló, s mindnyájan intuitív módon vetjük hitünket egy olyan Lényeg létezésébe, amelynek az érzéki tárgyak – a hang, a tapintás, a látvány, az ízek és a szagok, e látható világ alkotóelemei

---

1 Szvámi Srí Juktésvardzsí e *szútrák*at (tantételeket) csak szanszkritul tüntette fel, ahogy itt is szerepelnek. A fordítást a Self-Realization Fellowship készítette. (*A Kiadó megjegyzése.*)

वेद: *Az Evangélium*

– csupán tulajdonságai. Mivel az ember anyagi testével azonosítja önmagát, amely az említett tulajdonságokból áll, tökéletlen szerveivel csupán ezeket a tulajdonságokat képes felfogni, nem pedig a Lényeget, amelyhez a tulajdonságok tartoznak. Az anyagi világ emberei ekként nem foghatják fel az Örökkévaló Atyát, Istent, az egyetlen Lényeget a világmindenségben, hacsak nem tesznek szert az isteni természetre azáltal, hogy felülemelkednek a Sötétség vagy *Májá* e teremtett világán. Lásd Zsidókhoz írt levél 11:1, illetve János evangéliuma 8:28.

„A hit pedig a reménylett dolgoknak valósága, és a nem látott dolgokról való meggyőződés."

„Monda azért nékik Jézus: mikor felemelitek az embernek fiát, akkor megismeritek, hogy én vagyok."

2. SZÚTRA

तत्र सर्वज्ञप्रेमबीजञ्चित् सर्वशक्तिबीजमानन्दश्च ॥ २ ॥

Őbenne (Parambrahmában) rejlik minden tudás és szeretet forrása, minden hatalom és öröm gyökere.

Isten *Prakriti*je vagy Természete. A Mindenható Erő, a *Sakti*, más szóval az Örökkévaló Öröm, az Ánanda, amely a világot létrehozza; és a Mindentudó Érzés, a *Csit,* amely tudatossá teszi a világot – ezek szemléltetik Isten, az Atya Természetét avagy *Prakriti*jét.

A Szent Tudomány

Így fogjuk fel Istent. Mivel az ember Isten képmása, ha befelé irányítja figyelmét, képes felfogni önmagában az említett Erőt és Érzést, Énje kizárólagos tulajdonságait – a Mindenható Erőt az akarataként, *Vászaná*jaként az élvezettel, vagyis *Bhógá*val; és a Mindentudó Érzést a Tudataként, *Csétana*ként, amely maga az élvező, vagyis *Bhokta*. Lásd Teremtés könyve 1:27.

„*Teremté tehát az Isten az embert az ő képére, Isten képére teremté őt; férfiúvá és asszonnyá teremté őket.*"

3. SZÚTRA

तत्सर्वशक्तिबीजजडप्रकृतिवासनाया व्यक्तभावः ।
प्रणवशब्दः दिक्कालाणवोऽपि तस्य रूपाणि ॥ ३ ॥

Parambrahma okozza a teremtett világ, a tehetetlen Természet *(Prakriti)* kiemelkedését. Az *Aum*ból (a *Pránavá*ból, az Igéből, a Mindenható Erő megnyilvánulásából) jön létre a *Kála,* az Idő; a *Désza*, a Tér; és az *Anu*, az Atom (a teremtés rezgési szerkezete).

Az Ige, az *Ámen (Aum)* a Teremtés kezdete. A Mindenható Erő megnyilvánulása (a Taszítás, valamint kiegészítő kifejeződése, a Mindentudó Érzés vagy Szeretet, a Vonzás) rezgés, amely egy sajátos hangként jelenik meg: az Igeként, *Ámen*ként, *Aum*ként. Az *Aum* különböző aspektusaiban képviseli a változás képzetét, ami az Idő, a *Kála* az Örökké Változhatatlanban; és a megosztottság képzetét, ami a Tér, a *Désza* az Örökké Oszthatatlanban.

वेद: *Az Evangélium*

A Négy Képzet: az Ige, az Idő, a Tér és az Atom. Egyenes következményük a részecskék – a megszámlálhatatlan atom, *patra* vagy *anu* – képzete. Következésképpen ez a négy dolog – az Ige, az Idő, a Tér és az Atom – egy és ugyanaz, és lényegében nem egyebek puszta képzeteknél.

Az Ige e megnyilvánulása (testté, vagyis külsődleges anyaggá válva) hozta létre ezt a látható világot. Tehát az Ige, Ámen, Aum lévén a Mindenható Atya vagy Tulajdon Énje Örökkévaló Természetének megnyilvánulása elválaszthatatlan magától Istentől, és azonos Ővele; amiképpen a perzselő erő is elválaszthatatlan a tűztől, és azonos vele. Lásd Jelenések könyve 3:14 és János evangéliuma 1:1, 3, 14.

„*Ezt mondja az Ámen, a hű és igaz bizonyság, az Isten teremtésének kezdete.*"

„*Kezdetben vala az Ige, és az Ige vala az Istennél, és Isten vala az Ige... Minden ő általa lett és nála nélkül semmi sem lett, a mi lett... És az Ige testté lett és lakozék mi közöttünk.*"

4. SZÚTRA

तदेव जगत्कारणं माया ईश्वरस्य, तस्य व्यष्टिरविद्या ॥ ४ ॥

A teremtés oka az *Anu* vagy az Atomok. Összességükben *Májá*nak vagy az Úr káprázatteremtő hatalmának nevezik őket; az egyes *Anu*kat egyenként pedig *Avidjá*nak, Tudatlanságnak hívják.

A Szent Tudomány

Az Atomok alkotják a Teremtő Szellem trónusát. Ezek az Atomok, amelyek a négy fent említett képzetet képviselik belül és kívül, alkotják a trónusát vagy királyiszékét a Teremtő Szellemnek, amely reájuk ragyogva megalkotja e világmindenséget. Összességükben *Májá*nak, a Sötétségnek nevezik őket, mivel felfogóképességünk határain kívül tartják a Spirituális Fényt; külön-külön pedig *Avidjá*nak, Tudatlanságnak neveztetnek, mivel még Tulajdon Énje felől is tudatlanságban tartják az embert. Ekként a korábbiakban említett négy képzetre, amelyekből mindeme zűrzavar fakad, a Biblia megannyi lelkes állatként utal. Amíg az ember durva anyagi testével azonosítja önmagát, jóval alacsonyabb rendű helyzetet foglal el, mint az eredendő négyszeres Atom, és szükségképpen képtelen felfogni ennek mibenlétét. Amikor azonban felemelkedik ennek szintjére, nem pusztán felfogja az Atomot kívül-belül egyaránt, de egyben a teremtett világ egészét is megérti, a megnyilvánulót és a meg nem nyilvánulót (vagyis mindazt, ami „elől és hátul" van). Lásd Jelenések könyve 4:6.

„És a királyiszék közepette és a királyiszék körül négy lelkes állat, szemekkel teljesek elől és hátul."

5. SZÚTRA

तत्सर्वज्ञप्रेमबीजं परं तदेव कूटस्थचैतन्यम् ।
पुरुषोत्तमः तस्याभासः पुरुषः तस्मादभेदः । ५ ।

वेद: *Az Evangélium*

Parambrahma Mindentudó Szeretet aspektusa a *Kutaszha Csaitanja*. Az egyéni Én, lévén az Ő megnyilvánulása, egy Vele.

Kutasztha Csaitanja, a Szentlélek, *Purusóttama.* A *Premabidzsam Csit* (Vonzás, a Mindentudó Szeretet) megnyilvánulása az Élet, a Mindenütt Jelenlévő Szent Szellem, amelyet a Szentléleknek, *Kutasztha Csaitanjá*nak vagy *Purusóttamá*nak neveznek, s amely reáragyog a Sötétségre, *Májá*ra, hogy minden részecskéjét az Istenség felé vonzza. Azonban a Sötétség, *Májá* vagy egyedi alkotórészei[2], *Avidjá,* vagyis Tudatlanság, lévén maga a taszítás, képtelen befogadni vagy felfogni a Spirituális Fényt, pusztán visszatükrözi.

Abhásza Csaitanja vagy *Purusa,* **Isten Fiai.** E Szentlélek, lévén az Örökkévaló Atya, Isten Mindentudó Természetének megnyilvánulása, lényegét tekintve azonos Magával Istennel; s ekként a spirituális fénysugarak e visszatükröződéseit Isten Fiainak – *Abhásza Csaitanjá*nak vagy *Purusá*nak – nevezzük. Lásd János evangéliuma 1:4, 5, 11.

„*Ő benne vala az élet, és az élet vala az emberek világossága.*

És a világosság a sötétségben fénylik, de a sötétség nem fogadta be azt."

„*Az övéi közé jöve, és az övéi nem fogadák be őt.*"

---

2 Vagyis jelenléte az egyes emberekben.

6. SZÚTRA

चित्सकाशादणोर्महत्त्वं तच्चित्तम्, तत्रसदध्यवसायः ।
सत्त्वं बुद्धिः ततस्तद्विपरीतं मनः चरमेऽभिमानोऽहंकारस्तदेव जीवः । ६ ।

Az Atom a *Csit* (egyetemes tudás) befolyása alatt alakítja ki a *Csittát*, avagy az elme elcsitult állapotát, amelyet átszellemülvén *Buddhi*nak, Értelemnek neveznek. Ennek ellentéte a *Manasz*, vagyis az Elme, amelyben ott él a *Dzsíva*: az *Ahamkará*val, Egóval, a különálló létezés képzetével élő én.

***Csitta,* a Szív; *Ahamkara,* Ego, az ember fia.** Ez az Atom, *Avidjá,* a Tudatlanság – mivel az Univerzális Szeretet, a *Csit,* a Szentlélek befolyása alatt áll – átszellemül, akár a vasreszelék mágneses mezőbe kerülvén, és szert tesz a tudatra, az érzés hatalmára, amidőn *Mahat*nak, a Szívnek, *Csittá*nak neveztetik; és ilyetén állapotában megjelenik benne az én különálló létezésének képzete, amit *Ahamkará*nak, Egónak, az ember fiának nevezünk.

***Buddhi,* az Értelem; *Manasz,* az Elme.** A mágneses delejjel ekként áthatván két pólusa alakul ki, amelyek egyike vonzza a Valódi Lényeg, a *Szat* felé, a másik pedig mind távolabb taszítaná attól. Az előbbit *Szattvá*nak vagy *Buddhi*nak, az Értelemnek nevezzük, s ez határozza meg az Igazság mibenlétét; az utóbbi pedig, lévén a Taszítás, az előzőekben leírtak szerint átszellemült Mindenható Erő részecskéje, létrehozza az eszményi világot az élvezet *(ánanda)* számára, és ekként Ánandatvának vagy *Manasz*nak, az Elmének neveztetik.

वेद: *Az Evangélium*

7–10. SZÚTRÁK

तदहंकारचित्तविकारपञ्चतत्त्वानि । ७ ।

तान्येव कारणशरीरं पुरुषस्य । ८ ।

तेषां त्रिगुणेभ्य: पञ्चदश विषयेन्द्रियाणि । ९ ।

एतानि मनोबुद्धिभ्यां सह सप्तदशसूक्ष्मांगानि ।

लिंगशरीरस्य । १० ।

A *Csittá*nak, az átszellemült Atomnak, amelyben megjelenik az *Ahamkara* (az Én különálló létezésének képzete), öt megnyilvánulása (auraelektromossága) létezik.

Ezek (az öt auraelektromosság) alkotják a *Purusa* kauzális testét.

Az öt elektromos erő, *Pancsa Tattva* hozza létre három sajátságából, avagy *gúná*jából – *Szattva* (pozitív), *Radzsasz* (semlegesítő) és *Tamasz* (negatív) – a *Dzsnyánendriják*at (az érzékelés szerveit), a *Karmendriják*at (a cselekvés szerveit) és a *Tanmátrák*at (az érzékelés tárgyait).

E tizenöt sajátosság, valamint az Elme és az Értelem alkotják a finomtest, a *Lingasaríra* tizenhét „finom tagját".

A *Pancsa Tattva*, a teremtés Ősokai alkotják a kauzális testet. Ez az átszellemült Atom, a *Csitta* (a Szív), lévén maga a megnyilvánult Taszítás, az auraelektromosság öt válfaját hozza létre öt különböző részéből: egyet középről, kettőt a két szélről, további kettőt pedig a közép és a két szél közé eső

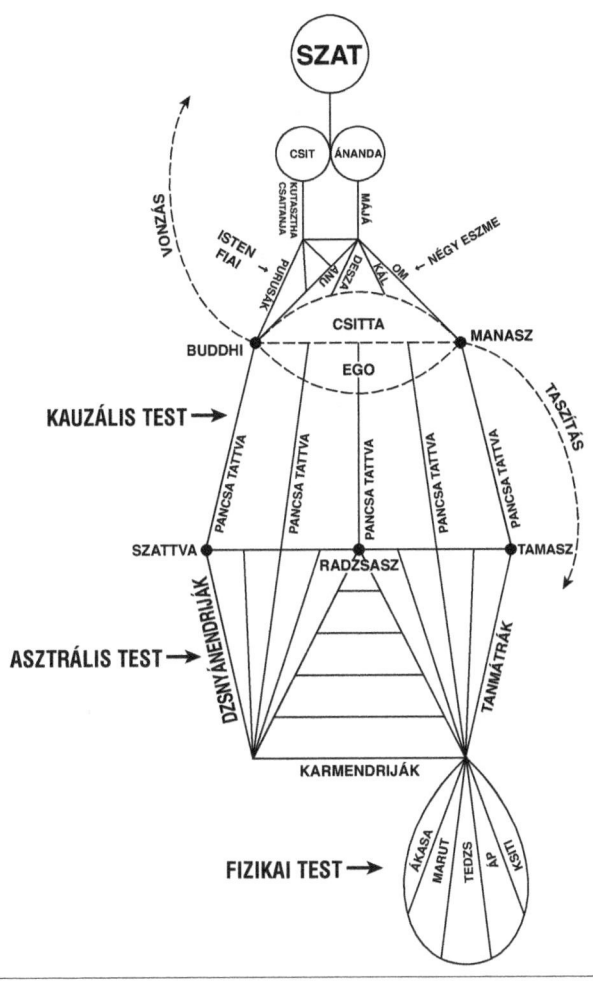

Ezt az ábrát a kiadó kizárólag azzal a szándékkal készítette, hogy bemutassa, miként halad előre a teremtés különböző aspektusainak fejlődése, ám egymáshoz fűződő térbeli kapcsolatukat nem célja szemléltetni.

वेद: *Az Evangélium*

térből. Az elektromosság eme öt válfaja, amelyek az Univerzális Szeretet (a Szentlélek) befolyása alatt a Valódi Lényeg, a *Szat* felé vonzódnak, egy mágneses mezőt hoznak létre, amelyet a *Szattva Buddhi*, avagy az Értelem testének nevezünk. Ezt az ötféle elektromos erőt, amelyek minden más teremtett dolog okai, a *Pancsa Tattvá*nak, az öt Ősoknak nevezik, és *Purusa,* az Isten Fia kauzális testének tekintik.

A három *Gúna,* az elektromos sajátságok. Mivel az elektromos erők a polarizált *Csittá*ból alakultak ki, maguk is polarizált állapotúak, és felruháztattak eme állapot három sajátságával, avagy *Gúná*jával, amelyek a következők: a *Szattva* a pozitív, a *Tamasz* a negatív, a *Radzsasz* pedig a semlegesítő.

A *Dzsnyánendriják*, az érzékelés öt szerve. Az öt elektromos erő pozitív sajátságai a *Dzsnyánendriják*, vagyis az érzékszervek – a szaglás, az ízlelés, a látás, a tapintás és a hallás –, amelyek a *Manasz*nak, az Elmének, avagy az átszellemült Atom ellentétes pólusának befolyása által vonzva megalkotják az ehhez kapcsolódó testet.

A *Karmendriják,* a cselekvés öt szerve. Az öt elektromos erő semlegesítő sajátságai a *Karmendriják*, a cselekvés szervei – a kiválasztás, a nemzés, a mozgás (lábak), a manuális készség (kezek), valamint a beszéd. Ezek a szervek, lévén az átszellemült Atom, *Csitta* (a Szív) semlegesítő energiájának megnyilvánulásai, egy energetikai testet alkotnak, amelynek neve energiatest, az életerő vagy *Prána*.

A Szent Tudomány

A *Visaja* vagy *Tanmátrák*, az érzékek ötféle tárgya. Az öt elektromos erő negatív sajátságai az öt *Tanmátra*, avagy a szaglás, ízlelés, látás, tapintás és hallás érzékének tárgyai, amelyek a cselekvés szerveinek semlegesítő hatalma révén egyesülve az érzékelés szerveivel, kielégítik a szív vágyait.

Lingasaríra, a finom anyagi test. E tizenöt sajátság az átszellemült Atom két pólusával – az Elmével és az Értelemmel – együtt alkotja a *Lingasarírá*t vagy *Szúksmasarírá*t, *Purusá*nak, Isten Fiának finom anyagi testét.

11., 12. SZÚTRA

ततः पञ्चतत्त्वानां स्थितिशीलतामसिकविषयपञ्चतन्मात्राणां

पञ्चीकरणेन स्थूलशरीरस्यांगानि जडीभूतपञ्चक्षित्यप्तेजो

मरुद्व्योमान्युद्भूतानि । ११ ।

एतान्येव चतुर्विंशतिः तत्त्वानि । १२ ।

Az érzékek fent említett öt tárgya, amelyek az öt elektromos erő negatív sajátságai, egymással elegyítve létrehozzák a durva anyag képzetét a maga öt formájában, amelyek a következők: *Ksiti*, szilárd testek; *Áp*, folyadékok; *Tedzsasz*, tűz; *Marut*, légnemű anyagok; és *Akása*, éter.

A durva anyag eme öt formája és a fent említett tizenöt sajátosság a *Manasszal*, Elmével, érzéktudattal; a *Buddhi*val, az ítélőképes Értelemmel; a *Csittá*val, a Szívvel, avagy az ér-

वेद: *Az Evangélium*

zés hatalmával; és az *Ahamkará*val, az Egóval egyetemben alkotja a teremtés huszonnégy princípiumát.

Durva anyagi test. Az érzékek fent említett öt tárgya, amelyek az öt elektromos erő negatív tulajdonságai, egymással vegyítve létrehozzák a durva anyag képzetét, amely öt különböző változatban jelenik meg számunkra: *Ksiti*, a szilárd, *Áp*, a folyékony; *Tedzsasz*, a tüzes; *Marut*, a légnemű; és *Vjóma* vagy *Akása*, az éteri. Ezek alkotják a *Szthúlasarírá*nak nevezett külső hüvelyt, vagyis *Purusá*nak, Isten Fiának a durva anyagi testét.

A huszonnégy Vén. Ez az öt durva anyagi alkotóelem és a fent említett tizenöt sajátság a *Manassz*al, az Elmével; a *Buddhi*val, az Értelemmel; a *Csittá*val, a Szívvel; és az *Ahamkará*val, az Egóval egyetemben alkotja a huszonnégy princípiumot, azaz a Véneket, ahogyan a Biblia utal rájuk. Lásd Jelenések könyve 4:4.

„És a királyiszék körül huszonnégy királyiszék vala; és a királyiszékekben látám ülni a huszonnégy Vénet fehér ruhákba öltözve: és a fejükön arany koronák valának."

A mondott huszonnégy princípium, amelyek a Sötétség, *Májá* megteremtését véghezvitték, nem egyebek a Tudatlanság, az *Avidjá* hajtásainál, és mivel a Tudatlanságot csupán a korábbiakban említett képzetek alkotják, a teremtett világnak valójában nincs lényegi léte, pusztán az Örökkévaló Lényegre, Istenre, az Atyára irányuló képzetek játéka.

13. SZÚTRA

तत्रैव चतुर्दशभुवनानि व्याख्यातानि । १३ ।

> Ez a világegyetem tizennégy szférára, hét *Szvargá*ra és hét *Pátálá*ra tagolódik.

A hét szféra vagy *Szvarga*. Az ekként leírt világegyetemet, amely az Örökkévaló Lényegtől, Istentől kezdődően lenyúlik egészen a durva anyagi világig, hét különböző szférára, *Szvargá*ra vagy *Loká*ra osztották fel.

7. szféra, *Szatjaloka*. Ezek közül a legfőbb a *Szatjaloka*, Istennek, a világegyetem egyedüli Valós Lényegének, *Szat*nak a szférája. A *Szatjaloká*t szó le nem írhatja, s a Sötétség és Fény teremtett világában semminemű név ki nem fejezheti. Ezért e szférát *Anamá*nak, a Névtelennek hívjuk.

6. szféra, *Tapoloka*. A sorban következő a *Tapoloka*, a Szentlélek szférája, amely maga az Örökkévaló Türelem, hiszen behatárolt képzetek sosem háboríthatják. Mivel e szférát még maguk az Isten Fiai sem érhetik el individuális formájukban, ezt *Agáma*, azaz Hozzáférhetetlen néven emlegetik.

5. szféra, *Dzsanaloka*. A következő a *Dzsanaloka*, a spirituális tükröződés, Isten Fiainak a szférája, amelyből az Én különálló létezésének képzete ered. Mivel e szféra felette áll mindazok felfogóképességének, akik a Sötétség, *Májá* teremtett világában leledznek, *Alaksjá*nak, a Felfoghatatlannak nevezik.

वेद: *Az Evangélium*

4. szféra, *Maharloka*. Ezután jön sorra a *Maharloka*, az Atom szférája, a Sötétség, *Májá* teremtett világának kezdete, amelyen a Szellem visszatükröződik. E szféra az összekötő kapocs, az egyetlen út a szellemi és az anyagi teremtés között, s ekként a Kapunak, *Dászamadvará*nak nevezik.

3. szféra, *Szvarloka*. Az Atom körül található a *Szvarloka*, a mágneses aura, az elektromos erők szférája. E szférát, mivel a teremtett dolgok (beleértve az érzékelés szerveit és tárgyait, a finom anyagi létezőket) hiánya jellemzi, *Mahaszunjá*nak, a Nagy Űrnek nevezik.

2. szféra, *Bhuvarloka*. A következő a *Bhuvarloka*, az elektromos sajátságok szférája. Mivel a teremtés durva anyagai teljességgel hiányoznak e szférából, s csupán a finom anyagok jelenléte révén érzékelhető, ezt *Szunjá*nak, a Közönséges Űrnek nevezik.

1. szféra, *Bhúloka*. Az utolsó és legalacsonyabb rendű szféra a *Bhúloka*, a durva anyagi teremtés tere, amely mindenkor mindenki számára látható.

***Szapta Pátála*, a hét templom.** Amint Isten a saját képére teremtette meg az embert, úgy az ember teste hasonlatos a világegyetem képéhez is. Anyagi testünkben úgyszintén hét létfontosságú hely található, amelyeket *Pátálák*nak neveznek. Ha az ember az Énje felé fordul, és a megfelelő úton halad előre, megpillantja a Spirituális Fényt e helyeken, amelyeket a Biblia megannyi gyülekezetként ír le; e csillagokhoz hasonló benső fények olyanok, akár megannyi angyal. Lásd Jelenések könyve 1:12, 13, 16, 20.

A Szent Tudomány

„*...Megfordulván pedig, láték hét arany gyertyatartót, és a hét gyertyatartó között hasonlót az ember fiához...*"

„*Vala pedig a jobb kezében hét csillag...*"

„*A hét csillag a hét gyülekezet angyala, és amely hét gyertyatartót láttál, az hét gyülekezet.*"

14 Bhuvana, a teremtés szakaszai. A fent említett hét szféra vagy *Szvarga*, valamint a hét *Pátála* alkotja a tizennégy *Bhuvaná*t, a teremtés tizennégy jól elkülöníthető állapotát.

14. SZÚTRA

त एव पञ्च कोषाः पुरुषस्य । १४ ।

A *Purusá*t öt *Kosa* vagy burok fedi.

Az 5 *Kosa* vagy burok. E *Purusá*t, Isten Fiát öt hüvely védelmezi, amelyeket kosáknak vagy burkoknak neveznek.

Szív, az 1. *Kosa*. Az öt közül az első a Szív, *Csitta*, az Atom, amely – mint a korábbiakban említettük – négy képzetből áll, érez vagy gyönyörűséget él át, és ekként az üdvös boldogság, az *ánanda* székhelye; ezt *Ánandamájá-kosá*nak nevezik.

***Buddhi*, a 2. *Kosa*.** A második burkot a *Buddhi*, az igazságot meghatározó Értelem megnyilvánulásai, a mágneses aura elektromos erői alkotják. Lévén a tudás, a *dzsnyána* székhelye, ezt *Dzsnyánamájá-kosa* néven ismerik.

वेद: *Az Evangélium*

Manasz, **a 3. *Kosa*.** A harmadik a *Manasz,* az Elme teste, amely – mint korábban említettük – az érzékelés szerveiből áll, és *Manomájá-kosa* néven ismeretes.

***Prána,* a 4. *Kosa*.** A negyedik az energia, az életerő vagy *Prána* teste, amelyet a fent leírtak szerint a cselekvés szervei alkotnak, és *Pránamájá-kosá*nak neveznek.

Durva anyag, az 5. *Kosa*. Az ötödik és utolsó e burkok sorában a durva anyag, az Atom külső takarója, amely *Annává,* azaz táplálékká válva fenntartja e látható világot, és ekként *Annamájá-kosa* néven ismert.

A Szeretet tevékenysége. Miután a Taszításnak, a Mindenható Energia megnyilvánulásának tevékenysége ekként végbement, kezd megnyilatkozni a Vonzás (a szív mélyén rejlő Mindentudó Szeretet) tevékenysége. E Mindenható Szeretet, a Vonzás befolyása alatt az Atomok mind közelebb és közelebb kerülnek egymáshoz, s éteri, légnemű, tüzes, folyékony vagy szilárd alakot öltenek.

Az élettelen dolgok világa. Ekként ékesíthetik e látható világot a napok, bolygók és holdak, amelyeket együttesen az élettelen teremtett világnak nevezünk.

A növényvilág. Ilyeténképpen amikor az Isteni Szeretet tevékenysége kellőképpen kibontakozik, az *Avidjá,* a Tudatlanság (a Sötétség, *Májá* részecskéje, a megnyilvánult Mindenható Energia) fejlődése kezd visszaszorulni. Amint az *Annamájá-kosa,* az Atom durva anyagból álló külső burka ekként visszahúzódik, a *Pránamájá-kosa* (a *Karmendriják-*

A Szent Tudomány

ból, a cselekvés szerveiből álló burok) működésbe lép. Ebben az organikus állapotban az Atomok, amelyek szíve szorosabb ölelésben forr össze, a növényvilágként jelennek meg a teremtésben.

Az állatvilág. Amikor a *Pránajáma-kosa* visszaszorul, napvilágra kerül a *Manomájá-kosa* (a *Dzsnyánendriják*ból, az érzékelés szerveiből álló burok). Az Atomok ekkor érzékelik a külvilág milyenségét, s más, különböző atomokat magukhoz vonzva testeket alkotnak – amint az élvezet átéléséhez szükséges –, és ekként a teremtésben megjelenik az állatvilág.

Az emberiség. Amikor a *Manomájá-kosa* visszaszorul, érzékelhetővé válik a *Dzsnyánamájá-kosa* (az Értelem elektromos erőkből álló teste). Az Atom, szert tévén a helyes és téves megítélés képességére, emberré, a teremtés racionális lényévé válik.

***Dévata* vagy angyal.** Amikor az ember, szívében az Isteni Szellemet vagy Mindentudó Szeretetet táplálva, képes visszavonni e *Dzsnyánamájá-kosá*t, akkor megnyilvánul a legbenső burok, a *Csittá*, a Szív (amelyet négy képzet alkot). Az embert ekkor *Dévatá*nak vagy angyalnak nevezik a teremtésben.

Felszabadult, *Szannjászí*. Amikor a Szív vagy a legbensőbb burok is visszahúzódik, semmi sem tartja többé az embert a Sötétség, *Májá* e teremtett világának igájában. Ekkor felszabadul, *Szannjászí*vá, Isten Fiává válik, és belép a Fény teremtett világába.

वेद: *Az Evangélium*

15., 16. SZÚTRA

स्थूलज्ञानक्रमात् सूक्ष्मविषयेन्द्रियज्ञानं स्वप्नवत् । १५ ।

तत्क्रमात् मनोबुद्धिज्ञानञ्चायातमिति परोक्षम् । १६ ।

Ahogyan felébredvén rájövünk, hogy az álmunkban látott tárgyak anyagtalanok, éppúgy éber észleleteink is valótlanok – pusztán következtetésből fakadnak.

Éber és álomállapot. Amikor az ember összeveti a durva anyaggal kapcsolatosan éber állapotban megfogamzott képzeteit az álomállapotban fogant képzetekkel, a közöttük lévő hasonlóság természetes úton vezeti el arra a következtetésre, hogy a külvilág sem az, aminek látszik.

Miközben további magyarázat után kutat, úgy találja, hogy ébren alkotott fogalmai lényegében nem egyebek puszta képzeteknél, amelyeket az érzékelés öt tárgyának (az öt benső elektromos erő negatív sajátságainak) az érzékelés öt szervével (a pozitív sajátságokkal) a cselekvés öt szervén (az elektromos erők semlegesítő sajátságain) keresztül kialakított egysége hoz létre.

Ezt az egységet az Elme *(Manasz)* működése valósítja meg, s az Értelem *(Buddhi)* fogja fel, avagy ragadja meg. Ekként világos tehát, hogy minden fogalom, amit az ember éber állapotában kialakít, csupán származtatott *Paróksadzsnyána* – egyedül következtetés dolga.

17. SZÚTRA

ततः सद्गुरुलाभो भक्तियोगश्च तेनापरोक्षः ॥ १७ ॥

Amire szükségünk van, az egy Guru, egy Megváltó, aki ráébreszt bennünket a *Bhakti*ra (áhítatra) és az Igazság észlelésére.

Amikor az ember rálel *Szat-guru*jára vagy Megváltójára. Tehát amikor az ember *Paróksadzsnyáná*ja (helytálló következtetése) révén megérti a külvilág semmiségét, méltányolni tudja Keresztelő Szent János, eme isteni személyiség álláspontját, aki megpillantotta a Fényt, és tanúságot tett Krisztus mellett, miután szívében szárba szökkent a szeretet, a Természet mennyei ajándéka.

Bármelyik őszinte és magas szinten álló keresőt érheti az a szerencse, hogy egy ilyesfajta személyiség Istenhez hasonlatos társaságában részesüljön, aki jóindulatúan segítségére siet Spirituális Tanítómesterként, *Szat-guru*ként, Megváltóként. Ha szeretetteljesen követi eme isteni személyiségek szent tanításait, az ember képessé válik rá, hogy valamennyi érzékszervét befelé, közös középpontjukra – az ideg- és érzékelőrendszerre, a *Trikutí*ra vagy *Szuszúmnadvará*ra, a benső világ kapujára – irányozza, ahol is a Hangot [a kozmikus Rezgést] egyfajta sajátos „kopogtatásként" fogja fel, amely maga az Ige, az *Ámen*, az *Aum*; és meglátja *Rádha* isteni küldöttként érkező, tündökletes testét, akit a Bibliában az Előhírnök vagy

वेद: *Az Evangélium*

Keresztelő Szent János jelképez. Lásd Jelenések könyve 3:14, 20 és János evangéliuma 1:6, 8, 23.

"Ezt mondja az Ámen, a hű és igaz bizonyság, az Isten teremtésének kezdete... Ímé az ajtó előtt állok és zörgetek; ha valaki meghallja az én szómat és megnyitja az ajtót, bemegyek ahhoz és vele vacsorálok, és ő én velem."

"Vala egy Istentől küldött ember, kinek neve János... Nem ő vala a Világosság, hanem jött, hogy bizonyságot tegyen a világosságról... Monda: Én kiáltó szó vagyok a pusztában. Egyengessétek az Úrnak útját..."

Gangesz, Jamúna és Jordán, a szent folyók. E hangot – sajátos természetéből adódóan, hiszen mintegy folyamként tör elő egy ismeretlen, magasabb birodalomból, és veszik bele a durva anyagi teremtésbe – a különböző felekezetek más-más, általuk szentnek tartott folyó nevével jelölték; a hinduk Gangesznek nevezik, a vaisnavák[3] Jamúnának, a keresztények pedig Jordánnak[4].

A második megszületés. Fényteste által a valódi Világosság – e világegyetem Élete – létezésében hívő ember megkereszteltetik, avagy belemerül a hang szent folyamába. A keresztség úgymond az ember második megszületése, és *Bhakti-jógá*nak[5] neveztetik, amely nélkül az ember sosem

---

3 Visnu, Isten Megőrző aspektusának imádói.

4 Máté (3:13–17)

5 Egyesülés Istennel a Szeretet, a Vonzás révén, amely szüntelenül Isten országa felé vonja az embert. (*A Kiadó megjegyzése.*)

A Szent Tudomány

foghatja fel a valódi benső világot, Isten királyságát. Lásd János evangéliuma 1:9 és 3:3.

„*Az igazi világosság eljött volt már a világba, amely megvilágosít minden embert.*"

„*Bizony, bizony mondom néked: ha valaki újonnan nem születik, nem láthatja az Isten országát.*"

***Aparóksadzsnyána*, a valódi megértés.** Ebben az állapotban az ember fia kezd bűnbánatot érezni, és a durva anyagi teremtésnek hátat fordítván küzdelmes lassúsággal megindul Istensége, az Örökkévaló Lényeg, Isten felé. Amikor a tudatlanság hajtásait kigyomlálta, az ember fokozatosan megérti a Sötétség, *Májá* e teremtett világának jellegét valódi mivoltában, mint a Legfelsőbb Természet, az egyedüli Valós Lényeg Tulajdon Énjére irányuló képzeteinek puszta játékát. Ezt az igaz megértést nevezik *Aparóksadzsnyáná*nak.

18. SZÚTRA

यदात्मनः परमात्मनि दर्शनन्ततः कैवल्यम् ॥ ९८ ॥

A felszabadulást *(Kaivalj*át) az ember akkor éri el, amikor ráeszmél Énjének az Egyetemes Énnel, a Legfelsőbb Valósággal alkotott egységére.

***Szannjászí*, avagy Krisztus, a felkent Megváltó.** Amikor a Tudatlanság valamennyi hajtását kigyomlálták, a szív – lé-

वेद: *Az Evangélium*

vén teljességgel megtisztult és tökéletes – többé nem pusztán visszatükrözi a Spirituális Fényt, hanem cselekvőn megnyilvánítja azt, s ekként felszenteltetvén és felkenetvén az ember *Szannjászí*vá, felszabadulttá, avagy Krisztussá, a Megváltóvá válik.[6] Lásd János evangéliuma 1:33.

„*Akire látod a Lelket leszállani és rajta megnyugodni, az az, aki keresztel Szent Lélekkel.*"

Megkereszteltetvén a Fénynek folyamában. E Megváltó révén az ember fia ismét megkereszteltetik, avagy elmerül a Spirituális Fény folyamában, és a Sötétség, *Májá* teremtett világa fölé emelkedve belép a spirituális világba, s eggyé válik az *Abhásza Csaitanjá*val vagy *Purusá*val, Isten Fiával, ahogyan a Názáreti Jézus Úrral is történt. Eme állapotában az ember örökre megszabadíttatik a Sötétség, *Májá* igájából. Lásd János evangéliuma 1:12 és 3:5.

„*Valakik pedig befogadák őt, hatalmat ada azoknak, hogy Isten fiaivá legyenek, azoknak, akik az ő nevében hisznek.*"

„*Bizony, bizony mondom néked: Ha valaki nem születik víztől és Lélektől, nem mehet be az Isten országába.*"

Az Én feláldozása. Amikor az ember a spirituális vi-

---

6 Vagyis eggyé válik a Krisztus-tudattal, a teremtett világ Örökkévaló Atyaistenének visszatükrözött tudatával, amely az *Aum* Igében, a Kozmikus Rezgésben rejlik. Ekként szabadul vagy váltatik meg a *Májá*, az Atyától való elkülönültség káprázatának sötétjétől. (*A Kiadó megjegyzése.*)

A Szent Tudomány

lágba ekként belépve Isten Fiává válik, megérti, hogy az egyetemes Világosság – a Szentlélek – tökéletes egész, tulajdon Énje pedig nem egyéb puszta képzetnél, amely az *Aum* Fény egy pászmáján alapszik. Ekkor feláldozza magát a Szentléleknek Isten oltárán; vagyis feladja elkülönült létezésének hívságos képzetét, és teljes egésszé válik.

Kaivalja, az egyesülés. Ekként eggyé válván az Atyaisten egyetemes Szentlelkével, egyesül a Valódi Lényeggel, Istennel. Az Én eme egyesülését az Örökkévaló Lényeggel, Istennel *Kaivaljá*nak[7] nevezik. Lásd Jelenések könyve 3:21.

„Aki győz, megadom annak, hogy az én királyiszékembe üljön velem, amint én is győztem és ültem az én Atyámmal az ő királyiszékében."

---

7 Szó szerint „elszigetelődés", teljes függetlenség vagy felszabadulás az Istennel alkotott egység révén. (*A Kiadó megjegyzése.*)

2. FEJEZET

अभीष्टम् । A CÉL

1. SZÚTRA

अतो मुक्तिजिज्ञासा । १ ।

Ekkortól vágy ébred bennünk a felszabadulásra.

Felszabadulás, a legfőbb cél. Amikor az ember – akár következtetés útján – megérti e teremtett világ valódi természetét, a világ és önmaga között fennálló valódi viszonyt, és felfogja továbbá, hogy teljességgel elvakítja a Sötétség, *Májá* befolyása, s hogy egyedül a Sötétség igája feledteti el vele valódi Énjét, és okozza minden szenvedését, felébred benne a természetes óhaj, hogy menekvésre leljen mindeme rosszaktól. E megmenekedés a gonosztól, avagy megszabadulás a *Májá* igájából válik a legfőbb életcéljává.

2. SZÚTRA

मुक्तिः स्वरूपेऽवस्थानम् । २ ।

A felszabadulás a *Purusa* (*dzsíva*, lélek) megszilárdulása a valódi Énben.

अभीष्टम् । *A Cél*

A felszabadulás annyi, mint az Énben lakozni. Amikor az ember e Sötétség, *Májá* képzetvilága fölé emelkedik, és teljességgel kívül kerül a befolyásán, akkor lerázza magáról az igát, és elfoglalja helyét valódi Énjében, az Örökkévaló Szellemben.

3. SZÚTRA

तदा सर्वक्लेशनिवृत्तिः परमार्थसिद्धिश्च । ३ ।

Ekkor megszűnik minden fájdalom, és éretik a végső cél (a valódi beteljesülés, az Istenre eszmélés).

A felszabadulás megváltás. Amint eljut e felszabadulásig, az ember megváltatik minden bajától, és szívének minden vágya beteljesedik, megvalósul hát végső életcélja.

4. SZÚTRA

इतरत्र अपूर्णकामजन्मजन्मान्तरव्यापि दुःखम् । ४ ।

Másként az ember születésről születésre a beteljesületlen vágyak gyötrelmeit szenvedi el.

Ezért szenved az ember. Addig azonban, amíg az ember az anyagi testével azonosul, és nem lel nyugodalmat valódi Énjében, szüntelen érzi fogyatkozásait aszerint, hogy szívének

A Szent Tudomány

mely vágyai nem nyernek kielégülést. E vágyak kielégítésére újra meg újra hús-vér testet kell öltenie, s meg kell jelennie az élet színpadán, alávetve a Sötétség, *Májá* befolyásának, s el kell szenvednie az élet és halál minden baját nem csupán a jelenben, de a jövőben is.

5., 6. SZÚTRA

क्लेशोऽSविद्यामातृकः ׀ ५ ׀

भावेऽSभावोऽSभावे भाव इत्येवं बोधोऽSविद्या ׀ ६ ׀

A bajok az *Avidjából*, a Tudatlanságból fakadnak. A Tudatlanság pedig a nem létező érzékelése, és a Létező nem érzékelése.

Mi a tudatlanság? A Tudatlanság, az *Avidjá* voltaképpen tévképzet, avagy a nem létező létéről alkotott téves felfogás. Az *Avidjá* következtében az ember azt hiszi, hogy ez a teremtett anyagi világ az egyetlen tényleges létező, amelyen kívül semmi más nincs, s közben megfeledkezik arról, hogy e teremtett anyagi világ lényegében semmi, pusztán az Örökkévaló Szellemre, az egyedüli Valódi Lényegre irányuló képzetek játéka, amely a teremtett anyagi világ felfogásán túl honol. E tudatlanság nem csupán önmagában véve baj, de az ember minden egyéb bajának forrása is.

अभीष्टम् । *A Cél*

7–12. SZÚTRA

तदेवावरणविक्षेपशक्तिविशिष्टत्वात्
क्षेत्रमस्मिताभिनिवेशरागद्वेषाणाम् । ७ ।

तस्यावरणशक्तेरस्मिताभिनिवेशौ विक्षेपशक्तेश्च रागद्वेषौ । ८ ।

स्वामिशक्त्योरविविकृतज्ञानमस्मिता । ९ ।

प्राकृतिकसंस्कारमात्रमभिनिवेशः । १० ।

सुखकरविषयतृष्णा रागः । ११ ।

दुःखकरविषयत्यागतृष्णा द्वेषः । १२ ।

Az *Avidjá,* a Tudatlanság a polaritás kettős erejével egoizmusként, kötődésként, viszolygásként és (vak) ragaszkodásként nyilvánul meg.

A *Májá* sötétbe borító ereje hozza létre az egoizmust és a (vak) ragaszkodást; a *Májá* poláris ereje pedig a kötődést (vonzást) és a viszolygást (taszítást) idézi elő.

Az egoizmus a fizikai test és a valódi Én közötti különbségtétel hiányából fakad.

A ragaszkodás a természetes kondicionálás következménye (a Természetbe és törvényeibe mint végső elvekbe vetett hit a Lélek hatalmába, minden jelenség végső okába vetett hit helyett).

A kötődés a boldogság tárgyainak szomjúhozását jelenti.

A viszolygás a boldogtalanság tárgyainak kiküszöbölésére irányuló vágyat jelenti.

A Tudatlanság minden baj forrása. Ha meg akarjuk érteni,

A Szent Tudomány

hogyan válik a Tudatlanság minden más baj forrásává, fel kell idéznünk (amint az előző fejezetben szó volt róla), hogy a Tudatlanság, az *Avidjá* nem egyéb, mint a Sötétség, *Májá* egy részecskéje egységként véve, s ilyetenképpen maga is a *Májá* két tulajdonságával bír. Ezek egyike a sötétbe borító erő, amelynek befolyása megakadályozza, hogy az ember a teremtett anyagi világon kívül bármi mást képes legyen felfogni. E sötétbe borító erő hozza létre az *Aszmitá*t vagy Egoizmust, az Én azonosítását az anyagi testtel, amely pedig csupán az Atomból, az egyetemes erő egy részecskéjéből fejlődött ki; és az *Abhinivését*, vagy vak ragaszkodást a teremtett anyagi világ valódiságába és kizárólagos értékébe vetett hithez.

A *Májá* második tulajdonsága révén a Tudatlanság vagy *Avidjá* polarizált állapotában kötődést hoz létre bizonyos tárgyakhoz, és viszolygást okoz másoktól. A tárgyak, amelyekhez ekként vonzódunk, a gyönyörűség tárgyai, amelyek irányában Kötődés, *Rága* alakul ki bennünk. A taszító hatású tárgyak azok, amelyek fájdalmat okoznak, s ezekkel szemben Viszolygás, *Dvésa* alakul ki bennünk.

13. SZÚTRA

क्लेशमूलं कर्म तद्विपाक एव दुःखम् । १३ ।

A fájdalom gyökerei az egoista cselekedetek, amelyek (káprázatokon alapulván) nyomorúsághoz vezetnek.

अभीष्टम् | *A Cél*

Ezért van az ember béklyóba verve. Ez az öt baj – Tudatlanság, Egoizmus, Kötődés, Viszolygás és Ragaszkodás a teremtett anyagi világhoz – befolyása arra kényszeríti az embert, hogy önös célt szolgáló tevékenységekbe vesse magát, minek következtében szenved.

14., 15. SZÚTRA

सर्वदुःखानां निवृत्तिरित्यर्थः | १४ |

निवृत्तावप्यनुवृत्त्यभावः परमः | १५ |

Az ember célja a teljes megszabadulás a boldogtalanságtól.

Mihelyt minden fájdalmat egyszer s mindenkorra száműzött, elérte a legmagasabb rendű célt.

A szív végső célkitűzése. Az embernél minden szenvedés megszüntetése az *Ártha,* azaz a szív közvetlen célja. Mindeme szenvedések végleges kiküszöbölése, hogy kiújulásuk lehetetlenné váljon, a *Paramártha,* a végső cél.

16–21. SZÚTRA

सर्वकामपूर्णत्वे सर्वदुःखमूलक्लेशनिवृत्तिः तदा

परमार्थसिद्धिः | १६ |

सच्चिदानन्दमयत्वप्राप्तिरिति स्थिरकामाः | १७ |

सद्गुरुदत्तसाधनप्रभावात् चित्तस्य प्रसाद एवानन्दः | १८ |

A Szent Tudomány

ततः सर्वदुःखानां हानन्तदा सर्वभावोदयश्चित् । १९ ।

तत आत्मनो नित्यत्चोपलब्धिः सत् । २० ।

तदेव स्वरूपं पुरुषस्य । २१ ।

A létezés, a tudat és az üdvös boldogság a három sóvárgás (az emberi szívben).

Az *Ánanda* (üdvös boldogság) a szívbéli elégedettség, amelyet a Megváltó, a *Szat-guru* által javasolt utakon és módokon érhetünk el.

A *Csit*nek, a valódi tudatnak köszönhető minden baj teljes kiirtása, és minden erény felbukkanása.

A *Szat*ot, a létezést úgy valósíthatjuk meg, ha ráeszmélünk a lélek múlhatatlanságára.

E három minőség alkotja az ember valódi természetét.

Midőn pedig minden vágy beteljesül, s minden nyomorúság tovatűnik, megvalósul a *Paramártha* (a legmagasabb rendű cél).

A valódi szükségletek. Az ember természetéből adódóan égető szükségét érzi a *Szat*nak, a Létezésnek; a *Csit*nek, a Tudatnak, és az *Ánandá*nak, az Üdvös Boldogságnak. E három az emberi szív valódi szükséglete, amelyeknek nincs közük semmihez az Énen kívül. Mint az előző fejezetben kifejtettük, ezek az ember saját természetének lényegi tulajdonságai.

Így tesz szert az ember az Üdvös Boldogságra. Ha az embernek abban a szerencsében van része, hogy biztosíthatja bármely isteni személyiség, *Szat-guru* (a Megváltó) kegyeit,

अभीष्टम् | *A Cél*

és szeretetteljesen követve annak szent tanait, sikerül figyelmét maradéktalanul befelé irányoznia, képessé válik szívének valamennyi szükségletét kielégíteni, s ekként elnyerni a megelégedettséget, az *Ánandá*t, a Valódi Üdvös Boldogságot.

Így jelenik meg a Tudat. Szívében ekként elégedettségre lelvén az ember képessé válik figyelmét bármely általa választott tárgyon rögzíteni, és felfogni annak valamennyi aspektusát. Ily módon fokozatosan megjelenik a *Csit,* a Természet valamennyi módosulatának – egészen első és legfőbb megnyilvánulásáig, az Igéig (Ámen, *Aum*), sőt az ember tulajdon Valódi Énjéig – Tudata. Majd ennek folyamában elmerülvén az ember megkereszteltetik, kezd megtérni, és lassan visszajut Istenségéhez, az Örökkévaló Atyához, aki mellől a mélybe bukott. Lásd Jelenések könyve 2:5.

„Emlékezzél meg azért honnét estél ki, és térj meg."

Így eszmél rá az ember a Létezésre. Miután tudatosítja magában saját valódi helyzetét, és a Sötétség, *Májá* e teremtett világának természetét, teljes hatalomra tesz szert felette, és fokozatosan kigyomlálja a Tudatlanság valamennyi hajtását. Ily módon, megszabadulván a Sötétség e teremtett világának uralmától, felfogja tulajdon Énjének mibenlétét Elpusztíthatatlan és Örökkön Létező Valódi Lényegként. Ekként derül fény a *Szat*ra, az Én létezésére.

A Szent Tudomány

Így valósul meg a szív fő célja. Miután a szív valamennyi szükséglete – a *Szat,* Létezés; a *Csit,* Tudat; és az *Ánanda,* Üdvös Boldogság – kielégülést nyert, a Tudatlanság, a gonoszságok szülőanyja elsorvad, minek következtében eme anyagi világ minden baja, amely a szenvedés különböző fajtáinak forrása, örökre tovatűnik. Ekkor válik valóra a szív végső célja.

22. SZÚTRA

तदा सर्वकामपूर्णोपरमार्थसिद्धिकात् गुणानाम्प्रतिप्रसव

आत्मनः स्वरूपप्रतिष्ठा, तदेव कैवल्यम् । २२ ।

Miután természetét minden tekintetben beteljesítette, az ember nem pusztán visszatükrözője az isteni fénynek, hanem tevékenyen egyesül a Szellemmel. Ez az állapot a *Kaivalja,* az egység.

Így jut el az ember a megváltásig. Ebben az állapotban, miután az ember minden szükségletét kielégítette, és valóra váltotta a végső célt, szíve tökéletesen megtisztul, és többé nem pusztán visszatükrözi a spirituális fényt, hanem tevékenyen meg is nyilvánítja. Midőn a Szentlélek ekként megszentelte vagy felkente, az ember Krisztussá, a felkent Megváltóvá válik. A Spirituális Fény birodalmába lépve Isten Fiává lészen.

Az ember ebben az állapotban megérti, hogy Énje az Egyetemes Szentlélek egy töredéke, és feladván elkülönült lé-

अभीष्टम् | *A Cél*

tezésének hívságos képzetét, egyesül az Örökkévaló Szellemmel; vagyis eggyé és azonossá válik az Atyaistennel. Az Én eme egyesülése Istennel a *Kaivalja*, amely minden teremtett lény Végső Célkitűzése. Lásd János evangéliuma 14:11.

"Higyjetek nékem, hogy én az Atyában vagyok, és az Atya én bennem van."

3. FEJEZET
साधनम् AZ ELJÁRÁS

1–4. SZÚTRA

तपःस्वाध्यायब्रह्मनिधानानि यज्ञः । १ ।

मात्रास्पर्शेषु तितिक्षा तपः । २ ।

आत्मतत्त्वोपदेशश्रवणमनननिदिध्यासनमेव स्वाध्यायः । ३ ।

प्रणवशब्द एव पन्था ब्रह्मणः तस्मिन्
आत्मसमर्पणं ब्रह्मनिधानम् । ४ ।

A *Jadzsna,* az áldozat egyszerre jelenti a vezeklést *(Tapasz),* az elmélyült vizsgálódást *(Szvádhjája),* és az *Aum*on való elmélkedést *(Brahmanidhána).*

A vezeklés nem más, mint a türelem vagy egyenletes kedély megőrzése minden körülmények között (lelki nyugalom a *Májá* alapvető kettősségei, úgymint hideg és hőség, fájdalom és gyönyör stb. közepette).

A *Szvádhjája* lényege, hogy elolvassuk vagy meghallgatjuk a spirituális igazságokat, eltűnődünk rajtuk, és határozott fogalmat alkotunk róluk.

A (meditáció, amelynek tárgya a) *Pránava,* az *Aum* isteni hangja, az egyetlen út Brahmanhoz (a Szellemhez), a megváltáshoz.

साधनम् *Az Eljárás*

A türelem, a hit és a szent munkálkodás magyarázata. A *Tapasz* vallásos önfegyelem- vagy türelemgyakorlás mind az élvezetekben, mind a szenvedésekben. A *Szvádhjája* nem más, mint *mananá*val, elmélyült figyelemmel áthatott *szrávána*, tanulmányozás, miáltal eljutunk a *nididhjászaná*ig, vagyis a fogalomalkotásig az Énnel kapcsolatos igaz hitvallásról; vagyis arról, hogy kik vagyunk, honnan érkeztünk, merre kell tartanunk, mi végett jöttünk e világra, és más hasonló kérdésekről az Énnel kapcsolatban. A *Brahmanidhána* a megkereszteltetés, avagy az Én elmerülése a Szent Hang *(Pránava, Aum)* folyamában, amely a megváltás elérése érdekében végzett szent munkálkodás, és az egyetlen út, amelyen az ember visszatérhet Istenségéhez, az Örökkévaló Atyához, akitől alábukott. Lásd Jelenések könyve 2:19.

„Tudom a te dolgaidat, és szeretetedet, szolgálatodat és hitedet és tűrésedet, és hogy a te utolsó cselekedeteid többek az elsőknél."

5., 6. SZÚTRA

श्रद्धावीर्यस्मृतिसमाध्यनुष्ठानात् तस्याविर्भावः । ५ ।

स्वभावजप्रेम्णः वेगतीव्रता श्रद्धा । ६ ।

Az *Aum* a *Sraddhá* (a szív természetes szeretete), a *Virja* (erkölcsi bátorság), a *Szmriti* (az ember isteni természetének emlékezete) és a *Szamádhi* (a valódi összpontosítás) kiművelése révén válik hallhatóvá.

A Szent Tudomány

A *Sraddhá* a szív természetes szeretetének felerősítése.

Így nyilvánul meg a Szent Hang. E Szent Hang, a *Pránava Sabda* spontán módon nyilvánul meg a *Sraddhá*nak, a természetes szívbéli szeretet energia-irányultságának; a *Virjá*nak, az erkölcsi bátorságnak; a *Szmriti*nek, a hű fogalomalkotásnak; és a *Szamádhi*nak, a valódi összpontosításnak a kiművelése révén.

A Szeretet erénye. A természetes, szívbéli szeretet a fő követelmény a szentéletűség megvalósításához. Amidőn e szeretet, a Természet mennyei ajándéka felbuzog a szívben, mindennemű izgatottság okát kimossa a szervezetből, és tökéletesen normális állapotba csillapítja le azt; s az életadó erőket megélénkítvén minden idegen anyagot – a betegségokozó csírákat – természetes módon (verejtékezéssel és így tovább) kiűz a testből. Ezáltal tökéletesen egészségessé teszi az embert testben-lélekben, s képessé arra, hogy helyesen értelmezze a Természet útmutatását.

Amikor ez a szeretet kibontakozik az emberben, képessé teszi rá, hogy megértse tulajdon Énje, valamint a környezetében lévő többi ember valódi helyzetét.

E szárba szökkent szeretet segítségével az ember abban a szerencsében részesülhet, hogy elnyeri a szent személyiségek Istenhez hasonlatos társaságát, és örökre megváltatik. E szeretet nélkül az ember képtelen természetes módon élni, s nem találhat rá a megfelelő személy társaságára sem boldogulása előmozdítása végett; gyakorta izgalmi állapotba hozzák a Természet útmutatásának félreértése révén a szervezetébe

साधनम् *Az Eljárás*

került idegen anyagok, és ennek következtében testben és lélekben egyaránt szenvedéseket él át. Soha nem lelhet szikrányi békességre sem, és élete teherré válik. Ekként tehát e szeretet, e mennyei ajándék kiművelése a fő követelménye a szent megváltás elérésének; nélküle az ember egyetlen lépést sem tehet e megváltás felé. Lásd Jelenések könyve 2:2–4.

"Tudom a te dolgaidat, és a te fáradságodat és tűrésedet, és hogy a gonoszokat nem szenvedheted, és megkísértetted azokat, akik apostoloknak mondják magokat, holott nem azok, és hazugoknak találtad őket.

És terhet viseltél, és béketűrő vagy, és az én nevemért fáradoztál és nem fáradtál el.

De az a mondásom ellened, hogy az első szeretetedet elhagytad."

7., 8. SZÚTRA

श्रद्धासेवितसद्गुरोः स्वभावजोपदेशपालने वीर्यलाभः । ७ ।

सर्व एव गुरवः सन्तापहारकाः संशयच्छेदकाः शान्तिप्रदायकाः

सत् तत्संगः ब्रस्मवत् करणीयः, विपरीतमसत्

विषवद्वर्जनीयम् । ८ ।

Az erkölcsi bátorság *(Virja)* a *Sraddhá*ból, az ember szeretetének a guru felé irányozásából fakad, és abból, hogy szeretetteljesen követi guruja utasításait.

A Szent Tudomány

Azok az igazi tanítók, akik száműzik bajainkat, szertefoszlatják kételyeinket, és békességgel ajándékoznak meg bennünket. **Ők Istennek tetsző munkát végeznek.** Ellentéteik (akik elmélyítik kételyeinket, és súlyosbítják nehézségeinket) kártékonyak reánk nézve, úgy kell hát kerülnünk őket, miként a mérget.

Mint az előző fejezetben kifejtettük, e teremtett világ lényegében nem egyéb, mint a Természet puszta képzetjátéka, amely az egyetlen Valódi Lényegre, Istenre, az Örökkévaló Atyára irányul, aki e Világegyetem Guruja – éspedig a Legfelsőbb. Ennélfogva e teremtett világ dolgainak nincs más lényegük, mint ez a Guru, a Legfelsőbb Atya, Isten maga, akit a Természet játékának számos megjelenési formája sokaságként észlel. Lásd János evangéliuma 10:34 és Zsoltárok könyve 82:6.

„Felele nékik Jézus: Nincs-é megírva a ti törvényetekben: Én mondám: Istenek vagytok?"

„Én mondottam: Istenek vagytok ti és a Felségesnek fiai ti mindnyájan."

E teremtett világnak ama létezője, amelyik megment bennünket gyötrelmeinktől és kételyeinktől, és békességet nyújt, legyen bár élő avagy élettelen, s akármilyen jelentéktelen, jogosult legmélyebb tiszteletünkre. Még ha mások leghevesebb megvetésük tárgyának tekintik is, nekünk *Szat*ként (Megváltóként) kell elfogadnunk, társaságát pedig Istenhez hasonlatosként. Aki vagy ami pediglen az ellenkező ered-

साधनम् *Az Eljárás*

ményre vezet, megfoszt békességünktől, kételyek közé taszít bennünket, és szaporítja gyötrelmeinket, azt *Aszat*nak, minden jó romlásának kell tekintenünk, és ekként kerülnünk. Az indiai bölcseknek van egy mondásuk:

अप्सु देवो मनुष्याणां दिवि देवो मनीषिणाम् ।
काष्ठलोष्ट्रेषु मूर्खाणां युक्तस्यात्मनि देवता ॥

> [Egyesek úgy tartják, hogy az istenségek a vízben (ti. természeti elemekben) élnek, míg a bölcsek úgy, hogy a mennyekben (az asztrális világban) léteznek; a balgák a fában és kőben keresik őket (ti. képmásokban vagy jelképekben), a jógi azonban tulajdon Énjének szentélyében eszmél rá Istenre.]

A megváltás eléréséhez az emberek azokat a tárgyakat választják Megváltójuknak, amelyeket fejlődésük aktuális szakaszában képesek felfogni. Ekként általában úgy vélik, hogy a betegség szörnyű csapás, és mivel a víz helyénvalóan adagolva képes elűzni a betegséget, a tudatlanok gyakorta magát a vizet választják Istenségüknek.

A bölcselők – lévén képesek felfogni a bennük sugárzó benső, elektromos Fényt – úgy találják, hogy szívbéli szeretetük energia formájában áramlik a Fény felé, amely megszabadítja őket az izgatottság minden okától, lecsillapítja szervezetüket a normális állapotba, és életadó erőiket felfokozván, tökéletesen egészségessé teszi őket testben és lélekben egyaránt. Ők eztán e Fényt fogadják el Istenségüknek vagy Megváltójuknak.

A Szent Tudomány

A tudatlanok vakhitükben egy fa- vagy kődarabot is képesek elfogadni Megváltójuknak vagy Istenségüknek a teremtett külvilágban, ami iránt természetes szívbéli szeretetük addig fog fejlődni, amíg energia-irányultsága révén meg nem szabadítja őket minden izgatottságot előidéző októl, lecsillapítja szervezetüket normális állapotába, és felfokozza életadó erőiket. A beavatottak azonban – teljességgel uralkodván az anyagi világ egésze felett – az Énben lelik meg Istenségüket vagy Megváltójukat, nem pedig odakint, a külvilágban.

Mélységes szeretettel tekints a Gurura. A Guru társaságában lenni nem pusztán azt jelenti, hogy keressük fizikai jelenlétét (hiszen ez olykor lehetetlen), hanem sokkal inkább azt, hogy a szívünkben őrizzük őt, egyek vagyunk vele elviekben, és összehangolódunk.

Lord Bacon a következő gondolatnak adott hangot: „A tömeg nem társaság, pusztán arcok kavalkádja." Szeretetünk Istenhez hasonlatos tárgyának társaságában lenni tehát annyit jelent, hogy összekapcsolódunk vele a *Sraddhá*, a szívbéli szeretet felerősítésének fent leírt módszere révén, vagyis mindenkor gondolataink előterében tartjuk alakját és tulajdonságait, elmélkedünk rajtuk, és szeretetteljesen, bárányszelídséggel követjük útmutatásait. Lásd János evangéliuma 1:29.

„Ímé az Istennek ama báránya, aki elveszi a világ bűneit!"

Így cselekedvén, amikor az ember képessé válik felfogni isteni fivéreinek fenséges állapotát, abban a szerencsében

साधनम् *Az Eljárás*

részesülhet, hogy társaságukban tartósan megmaradhat, s biztosíthatja a maga számára egyikük támogatását, akit Spirituális Tanítómesterének, *Szat-guru*jának, a Megváltójának választ.

Összefoglalva, a *Virja* vagy erkölcsi bátorság a *Sraddhá* kiművelésével érhető el, vagyis oly módon, hogy az ember természetes szeretetét Tanítómesterének szenteli, folyamatosan az ő társaságában időzvén (a fent kifejtett lelki értelemben), és szeretettel követvén szent útmutatásait, amelyekben a mester önként és spontán módon részesíti.

9–11. SZÚTRA

तद्वीर्यं यमनियमानुष्ठानात् दृढभूमिः । ९ ।

अहिंसासत्यास्तेयब्रह्मचर्यापरिग्रहादयो यमः । १० ।

शौचसन्तोषसद्गुरुपदेशपालनादयः नियमः । ११ ।

Az erkölcsi bátorság a *Jáma* (erkölcsösség vagy önuralom) és a *Nijáma* (vallási szabályok) megtartása révén erősödik meg.

A *Jáma* lényege, hogy ne ártsunk másoknak, legyünk őszinték, mértékletesek, ne lopjunk, és tartózkodjunk a mohóságtól.

A *Nijáma* pedig tisztaságot jelent testben és lélekben, elégedettséget minden körülmények között, és engedelmességet (a guru útmutatásainak követését).

A Szent Tudomány

A szilárd erkölcsi bátorságra egyfelől a *Jáma*, a vallási önmegtartóztatás gyakorlása, vagyis a kegyetlenségtől, a becstelenségtől, a mohóságtól, a természetellenes életmódtól és a felesleges birtokjavaktól való tartózkodás, másfelől a *Nijáma*, a vallási előírások betartása révén tehetünk szert, amelyek a következők: tisztaság testben és lélekben – a test megtisztítása kívül és belül minden idegen anyagtól, amely erjedésnek indulva különböző betegségeket okoz a szervezetben, és az elme megszabadítása minden előítélettől és dogmától, amelyek szűk látókörűvé tesznek –, elégedettség minden körülmények közepette, és engedelmesség az isteni személyiségek szent előírásainak.

Milyen a természetes élet? A természetes életmód mibenlétét a legvilágosabban úgy érthetjük meg, ha szembeállítjuk a természetellenes életmóddal. Az ember életének milyensége (1) a táplálék, (2) a lakóhely és (3) a társaság megválasztásán múlik. Az alacsonyabb rendű állatok természetes életformájuk kialakításához képesek ezeket ösztöneik és ama természetes őrszemek segítségével megválasztani, amelyek testi észlelésük kapuinál állnak – vagyis a látás, hallás, tapintás, szaglás és ízlelés szerveivel. Az embereknél azonban e szervek működése általánosságban olyannyira elfajult a természetellenes életmód következtében, amelyre már csecsemőkortól szoktatják őket, hogy érzékszerveik ítéletére vajmi keveset lehet adni. Ha tehát meg akarjuk érteni, melyek is természetes szükségleteink, a megfigyelésre, a kísérletezésre és a józan észre kell hagyatkoznunk.

साधनम् *Az Eljárás*

Mi az ember természetes tápláléka? Először is, hogy természetes táplálékunkat kiválaszthassuk, figyelmünket a következő tényezőkre kell fordítanunk: a táplálékfelvételben és emésztésben közreműködő szerveink, a fogak és az emésztőcsatorna jellegzetességeire; ama érzékszervek természetes irányultságára, amelyek útmutatásával az állatok kiválasztják táplálékukat; valamint a kicsinyeink táplálkozására.

A fogak megfigyelése. A fogak szemrevételezése során megállapíthatjuk, hogy a ragadozóknál a metszőfogak kevéssé fejlettek, a szemfogak azonban elképesztően hosszúak, simák és hegyesek, hogy megragadhassák a zsákmányt. Az őrlőfogak szintén hegyesek; hegyük azonban nem találkozik, hanem szorosan egymáshoz illeszkedik oldalról, hogy képesek legyenek szétmarcangolni az izomrostokat.

Növényevő állatoknál a metszőfogak bámulatosan fejlettek, a szemfogak satnyák (jóllehet esetenként, például az elefántoknál, fegyverré alakultak), az őrlőfogak rágófelszíne kiterjedt, s ezeket csak oldalt fedi zománcréteg.

A gyümölcsevőknél minden fog nagyjából egyformán fejlett; a szemfogak kevéssé emelkednek ki, kúposak és tompák (nyilvánvalóan nem a zsákmány megragadására, hanem erő kifejtésére szolgálnak). Az őrlők rágófelülete kiterjedt, zománcredőkkel ellátott, amelyek megakadályozzák az oldalirányú mozgásból eredő kopást, ám nem hegyesek, hogy alkalmasak volnának hús rágására.

A Szent Tudomány

A mindenevő állatoknál, amilyenek például a medvék, a metszők a növényevőkére emlékeztetnek, a szemfogak a ragadozókéra hasonlítanak, az őrlőfogak pedig egyszerre hegyesek és széles rágófelszínűek, hogy kettős célt szolgálhassanak. Mármost, ha megfigyeljük az ember fogsorát, megállapíthatjuk, hogy fogaink nem hasonlítanak a ragadozókéra, de a növényevőkére vagy a mindenevőkére sem, hanem pontosan olyanok, mint a gyümölcsevő állatoké. Az ésszerű következtetés tehát az, hogy az ember gyümölcsevő állat, vagyis fő táplálékai a gyümölcsfélék.[1]

Az emésztőcsatorna megfigyelése. Az emésztőcsatorna szemrevételezése során megállapíthatjuk, hogy a ragadozók bélrendszerének hossza testük 3-5-szöröse a szájtól a végbélnyílásig mérve; gyomruk pedig majdnem gömb alakú. A növényevők beleinek hossza 20-28-szorosa a testükének, gyomruk pedig terjedelmesebb és összetettebb felépítésű. A gyümölcsevő állatok bélrendszerének hossza 10-12-szerese a testükének; gyomruk valamivel nagyobb, mint a ragadozóké, és a nyombélben van egy meghosszabbítása, amely mintegy második gyomorként szolgál.

Pontosan ezt találjuk az emberi lényekben is, noha az anatómusok szerint az ember bélrendszerének hossza mind-

---

[1] A gyümölcsök közé tartozik a növényi szervezetek bármely része, amely hasznos az ember számára. A Szvámi Srí Juktésvar által ajánlott gyümölcsalapú étrend éppúgy tartalmaz zöldségféléket, olajos magvakat és gabonaféléket is. (*A Kiadó megjegyzése.*)

साधनम् *Az Eljárás*

össze 3-5-szöröse a testének – ám ők a testet tévesen a fejtetőtől a talpig mérik, nem pedig a szájtól a végbélnyílásig. Ebből ismét azt a következtetést vonhatjuk le, hogy az ember minden valószínűség szerint gyümölcsevő állat.

Az érzékszervek megfigyelése. Az érzékszervek eredendő tanácsadókként szolgálnak a tápláló élelemfajták kiválasztásában. Megfigyelvén természetes irányultságukat, amelynek révén valamennyi állat megleli a neki való táplálékot, azt láthatjuk, hogy amikor a ragadozó zsákmányra bukkan, a szeme csak úgy szikrázik a gyönyörűségtől; merészen lecsap prédájára, és mohón lefetyeli a kilövellő vért. A növényevő állat ellenben még saját természetes táplálékát is visszautasítja és érintetlenül hagyja, ha akár egy kevéske vér szennyezi. Szaglására és látására hagyatkozva fűféléket és más növényeket választ táplálékául, amelyeket nagy élvezettel legel. A gyümölcsevő állatok esetében hasonlóképpen úgy találjuk, hogy érzékszerveik mindig a fák és mezők gyümölcseihez vezérlik őket.

A legkülönbözőbb fajta embereknél egyaránt azt figyeljük meg, hogy szaglásuk, hallásuk és látásuk sosem indítja őket állatok lemészárlására; épp ellenkezőleg, még a látványát sem bírják elviselni az effajta vérengzésnek. Általános javaslat, hogy a vágóhidakat minél messzebbre telepítsék a városokon kívülre; és gyakran hoznak szigorú rendeleteket, amelyek előírják, hogy a tőkehúst letakarva kell szállítani. Hogyan is tarthatnánk hát a húst az ember természetes táplálékának, ha egyaránt viszolyog szagától és látványától, ha-

A Szent Tudomány

csak nem ámítja el érzékeit a fűszerek, a só és a cukor használatával? Milyen fenségesnek találjuk másfelől a gyümölcsök illatát, s már puszta látványukra is milyen gyakran összefut szánkban a nyál! Azt is észrevehetjük, hogy a különböző gabona- és gyökérfélék szagát és ízét még elkészítetlen állapotukban is kellemesnek, bár gyöngének találjuk. Ekként megfigyeléseinkből megint csak arra a következtetésre jutunk, hogy az ember gyümölcsevő állatnak rendeltetett.[2]

A kicsinyek táplálkozásának megfigyelése. Ha megfigyeljük kicsinyeink táplálkozási szokásait, úgy találjuk, hogy az újszülött csecsemő eledele kétségbevonhatatlanul a tej. Márpedig az anya emlője nem képes bőségesen termelni a tejet, ha természetes táplálékának nem képezik részét a gyümölcsök, a gabonafélék és a zöldségek.

A betegségek oka. Tehát e megfigyelésekből az egyetlen ésszerűen levonható következtetés az, hogy a különböző gabonafélék, gyümölcsök, gyökerek és – italként – a tej, valamint a levegő és napfény hatásának szabadon kitett, tiszta víz egyértelműen a leghasznosabb természetes táplálékok az ember számára. Ezek a táplálékok – lévén kedvező hatásúak szervezetünk számára, ha emésztőszerveink teljesítőképességének mértékében, jól megrágva és nyállal elegyítve fogyasztjuk őket – mindenkor könnyek megemészthetők.

---

2 „És monda Isten: Ímé néktek adok minden maghozó füvet az egész föld színén, és minden fát, amelyen maghozó gyümölcs van; az legyen néktek eledelül." Teremtés könyve 1:29. (*A Kiadó megjegyzése.*)

साधनम् *Az Eljárás*

Más élelmiszerek azonban természetellenesek az ember számára, és lévén kedvezőtlen hatásúak a szervezetre, szükségképpen idegen anyagnak számítanak benne; a gyomorba jutván nem emésztődnek meg megfelelően. A vérbe jutván felhalmozódnak a kiválasztó és egyéb szervekben, amelyek nem alkalmazkodtak hozzájuk kellőképpen. Ha pedig nem tudnak kijutni a szervezetből, a tömegvonzás törvényének következtében lerakódnak a szövetek réseiben; erjedésnek indulván testi és lelki betegségeket okoznak, végül pedig idő előtti halálhoz vezetnek.

A gyermekek fejlődése. A kísérletek azt is bebizonyították, hogy a vegetáriánus természetes, ingerlő hatású anyagoktól mentes étrendje szinte kivétel nélkül mindig bámulatosan serkenti a gyermekek fejlődését, mind testi, mind lelki téren. Elméjük, értelmük, akaratuk, legfőbb képességeik kifejlődésére, vérmérsékletükre és általános kedélyállapotukra szintén kedvező hatást gyakorol.

A természetes életmód elcsitítja a szenvedélyeket. Megállapíthatjuk, hogy amikor az emberek szertelen böjtöléshez, önostorozáshoz vagy a szerzetesi cellába zárkózáshoz folyamodnak a nemi szenvedélyek elfojtása érdekében, ezek a módszerek ritkán hozzák meg a kívánt eredményt. A kísérletek tanúsága szerint azonban az ember könnyűszerrel felülkerekedhet e szenvedélyeken, az erkölcsösség fő ellenségein, ha természetes módon, a fent ismertetett, nem izgató hatású étrenden él; ennek köszönhetően elméje elnyugszik, amely

A Szent Tudomány

állapot – ahogyan minden lélekbúvár jól tudja – a leginkább kedvez a szellemi tevékenységnek és a világos felfogásnak, valamint a józan gondolkodásnak.

A nemi vágy. Még valamit el kell itt mondanunk a szaporodás természetes ösztönével kapcsolatban, amely az önfenntartás ösztöne mellett a legerősebb az állati testben. A nemi vágynak – az összes többi vágyhoz hasonlóan – létezik egy normális és egy abnormális, avagy kóros állapota, mely utóbbit kizárólag a természetellenes életmód révén, a fent leírtak szerint felhalmozódott idegen anyagok okozzák. A nemi vágy formájában mindenki egészségi állapotának hajszálpontos mérőműszerével rendelkezik. A szexuális vágyat az idegek izgalmi állapota billenti ki természetes állapotából, amit viszont a szervezetben felhalmozódott idegen anyagok nyomása idéz elő. E nyomás hatást gyakorol a nemi szervekre, ami először megnövekedett szexuális vágy formájában nyilvánul meg, amit a potencia fokozatos hanyatlása követ.

A nemi vágy normális állapotában jóformán mentes mindenfajta zavaró kéjsóvárságtól, és csak ritkán érezteti hatását a szervezetben (felébresztve a kielégülés vágyát). A kísérletek ez esetben is azt mutatják, hogy e vágy – az összes többihez hasonlóan – mindenkor normális állapotában van jelen azokban, akik az említett, természetes életformát követik.

Az élet fájának gyökere. A nemi szerv – fontos idegvégződések, elsősorban a szimpatikus és a gerincvelői idegek (a fő hastájéki idegek) csomópontja, amelyek agyi összeköt-

साधनम् *Az Eljárás*

tetéseik révén az egész szervezetet képesek felélénkíteni – bizonyos értelemben az élet fájának gyökere. Az a személy, aki alapos képzettséggel rendelkezik a nemiség megfelelő felhasználásának terén, könnyen megőrizheti testi és lelki egészségét, és minden tekintetben kellemes életet élhet.

A szexuális egészség gyakorlati elveit nem oktatják, mivel a közvélemény szemérmetlennek és illetlennek ítéli e tárgyat. Az emberiség ekként elvakítván veszi magának a bátorságot, hogy lepelbe burkolja az Anyatermészetet, csak mert tisztátalannak tűnik a szemében, s közben megfeledkezik róla, hogy a Természet mindig makulátlanul tiszta, s hogy minden tisztátalanság és ildomtalanság az ember gondolataiban, nem pedig a Természetben rejlik. Nem csoda tehát, hogy az emberek – nem ismervén az igazságot a nemi képességgel való visszaélés veszélyeivel kapcsolatban, és a természetellenes életmódjukból fakadó idegi izgatottság által helytelen üzelmekre kényszerítvén – gyötrelmes betegségeket szenvednek el életük folyamán, hogy végül időnek előtte ragadja el őket a halál.

Az ember lakóhelye. Másodjára, szóljunk a lakóhelyünkről. Amikor tüdőnket egy hegytetőn, tágas mezőn vagy kertben friss levegővel teleszívtuk, majd egy zsúfolt szobába lépvén rossz közérzet lesz úrrá rajtunk, könnyen megérthetjük, hogy a városi környezet – és bármely zsúfolt hely – ugyancsak természetellenes lakóhely az ember számára. A Természet parancsa szerint a megfelelő emberi lakóhely az üde légkörű hegytető, nyílt mező vagy kert, avagy egy szá-

A Szent Tudomány

raz zug egy jókora, fákkal borított földdarabon, ahol szabadon jár a friss levegő.

A megfelelő társaság. Harmadszor pedig lássuk, milyen társaság válik javunkra. Lelkiismeretünk szavára és természetes rokonszenvünkre hallgatva ez esetben is egykettőre megállapíthatjuk, hogy azokat az embereket részesítjük előnyben, akik csillapítóan hatnak szervezetünkre, felfokozzák benső, életadó erőinket, szárba szökkentik természetes szeretetünket, s ekként megszabadítanak gyötrelmeinktől, és békességet ajándékoznak nekünk. Egyszóval a korábbiakban leírtak szerint keresnünk kell a *Szat* vagy Megváltó társaságát, kerülnünk kell viszont az *Aszat*ét. Ha a *Szat* (a Megváltó) társaságában időzünk, módunk nyílik rá, hogy tökéletes testi és lelki egészségre tegyünk szert, és meghoszszabbítsuk életünket. Ha azonban nem engedelmeskedünk az Anyatermészet intésének, nem hallgatunk tiszta lelkiismeretünk szavára, és társaságunkat mindaz alkotja, ami *Aszat*nak minősül, akkor ellentétes eredményt érünk el, egészségünk meggyengül, és életünk megrövidül.

A természetes élet és a tisztaság elengedhetetlen. Ekként a természetes életmód hasznos a *Jáma*, a korábbiakban kifejtett aszketikus önmegtartóztatás gyakorlásához. S mivel elme és test tisztasága egyformán fontos, ha gyakorolni akarjuk a *Nijámá*t, vagyis be akarjuk tartani a fent leírt vallási előírásokat, minden erőfeszítést meg kell tennünk e tisztaság elérése érdekében.

साधनम् *Az Eljárás*

12-18. SZÚTRA

ततः पाशक्षयः । १२ ।

घृणालज्जाभयशोकजुगुप्साजातिकुलमानाः पाशाष्टकम् । १३ ।

तदा चित्तस्य महत्त्वम् वीरत्वं वा । १४ ।

गार्हस्थ्याश्रमोपयोग्यासनप्राणायामप्रत्याहारसाधनेषु
योग्यता च । १५ ।

स्थिरसुखमासनम् । १६ ।

प्राणानां संयमः प्राणायामः । १७ ।

इन्द्रियाणामन्तर्मुखत्वं प्रत्याहारः । १८ ।

Ekkor levetjük béklyóinkat.

A nyolc béklyó vagy kelepce a gyűlölet, a szégyenkezés, a félelem, a bánat, a kárhoztatás, a faji előítélet, a családi büszkeség és az önteltség.

(A nyolc béklyó levetése) nemesszívűséghez vezet.

Ekként az ember alkalmatossá válik az *Ászana,* a *Pránajáma* és a *Pratjáhára* gyakorlására; valamint a családfői élet élvezésére (mivel valamennyi vágyát beteljesíti, és így megszabadul tőlük).

Az *Ászana* a stabil és kényelmes testtartást jelenti.

A Pránajáma a *prána,* az életerő feletti uralmat jelenti.

A *Pratjáhára* az érzékek visszavonását jelenti a külvilág tárgyaitól.

A szív nyolc hitványsága. Ha erkölcsi bátorságunk megszilárdul, minden akadály elhárul a megváltás útjából. Nyolcféle ilyen akadályt ismerünk – a gyűlöletet, a szégyenkezést, a félelmet, a bánatot, a kárhoztatást, a faji előítéletet, az ősökkel való hivalkodást, és a szigorúan értelmezett tiszteletet parancsoló viselkedést –, amelyek az emberi szív hitványságai.

A szív nemességének felébresztése. E nyolc akadály elhárítása révén a *Viratvam* vagy *Mahattvam* (a szív nemessége) kibontakozik, és ez alkalmassá tesz az *Ászana* (a stabil és kényelmes testtartás megőrzése), a *Pránajáma* (a *prána*, a vegetatív idegrendszer elektromos erői feletti uralom) és a *Pratjáhára* (a szomatikus idegrendszeri áramlatok befelé fordítása) gyakorlására. E gyakorlatok módot adnak az embernek, hogy kielégítse szívét az érzékelés tárgyainak élvezetével, amint az a *Garhaszthjásráma* (családi) élet érdekében rendeltetett.

A *Pránajáma* értéke. Az ember tetszése szerint bármikor képes működésbe hozni szomatikus idegeit, ha pedig elfárad, pihenőt engedélyezhet nekik. Amikor szomatikus idegrendszerének teljes egészében nyugalomra van szüksége, az ember természetes módon álomba merül, majd amikor a szomatikus idegek az alvásnak köszönhetően felfrissülnek, ismét teljes erőbevetéssel munkához láthat. A vegetatív idegek azonban az akaratra való tekintet nélkül születéstől fogva szüntelenül dolgoznak. Mivel nincs ellenőrzése felette, az ember vegetatív idegrendszerének működésébe a legcsekélyebb mértékben sem avatkozhat be. Amikor ezek az idegek kimerülnek, szintén nyugalomra van

साधनम् *Az Eljárás*

szükségük, és természetes módon álomba merülnek. A vegetatív idegrendszernek ezt az álmát nevezik *Mahanidrá*nak, a nagy alvásnak, avagy halálnak. Amikor ez elkövetkezik, a keringés, a légzés és a többi életfunkció megszűnik, s az anyagi test enyészni kezd. Egy idő után, amikor e nagy alvásnak, a *Mahanidrá*nak vége szakad, az ember felébred minden vágyával egyetemben, és újjászületik egy új fizikai testben, hogy beteljesítse különféle sóvárgásait. Ily módon az ember az élethez és a halálhoz köti magát, és nem sikerül elérnie a végső megváltást.

Uralom a halál felett. Ha azonban az ember képes uralni e vegetatív idegrendszert a fent említett *Pránajáma* révén, megálljt parancsolhat az anyagi test természetes hanyatlásának, és időről időre nyugalmi állapotba helyezheti a vegetatív idegeket (a szívét, a tüdőét és egyéb létfontosságú szervekét), ahogyan a szomatikus idegekkel teszi álmában. A pihentető *Pránajáma* eme időszakai után az idegek felfrissülnek, és életerővel feltöltve végzik tovább munkájukat.

Ahogyan a szomatikus idegek pihenését szolgáló alvást követően nincs szüksége az embernek segítségre ahhoz, hogy természetes módon felébredjen; éppúgy a halált követően is – amikor már teljesen kipihente magát – természetesen ébred életre egy új testben ezen a világon. Ha képes akaratlagosan „meghalni", vagyis tudatosan nyugalomba helyezni teljes szomatikus és vegetatív idegrendszerét minden nap a *Pránajáma* gyakorlása révén, akkor fizikai szervezetének egésze életerőtől duzzadóan végezheti munkáját.

A Szent Tudomány

Életet és halált egyaránt képes uralma alá vonni az a jógi, aki állhatatosan kitart a *Pránajáma* gyakorlása mellett. Ily módon megmenti testét az idő előtti enyészettől, amely a legtöbb embert elragadja, és tetszése szerinti ideig megmaradhat jelenlegi testi alakjában, ekként lehetőséget biztosítván magának, hogy egyetlen testben ledolgozza karmáját, és maradéktalanul beteljesítse szívének különböző vágyait (s ekként megszabaduljon tőlük). Miután végül megtisztult, többé nem kell visszatérnie e világba a *Májá,* Sötétség befolyása alatt, sem pedig elszenvednie a „második halált". Lásd Korinthusbeliekhez írott I. levél 15:31 és Jelenések könyve 2:10, 11.

„Naponként halál révén állok. A veletek való dicsekedésre mondom, mely van nékem a Krisztus Jézusban [Krisztus-tudatban] a mi Urunkban."

„Légy hív mind halálig, és néked adom az életnek koronáját... Aki győz, annak nem árt a második halál."

A *Pratjáhára* szükségessége. Az ember képes élvezni valamit, amikor úgy kívánja. Ha azonban gyönyörűségének idején érzékszerveit, amelyek révén élvezethez jut, vágyának tárgyára irányozza, sosem nyerhet kielégülést, és vágya kettőzött erővel támad fel. Ha ellenben képes érzékszerveit befelé, az Énjére irányítani, abban az esetben szívét azon nyomban kielégítheti. Tehát a korábbiakban említett *Pratjáhára* gyakorlása, amelynek során a szomatikus idegrendszeri áramlatokat befelé fordítja, kívánatos módja világi vágyai beteljesí-

साधनम् *Az Eljárás*

tésének. Hiszen az embernek mindaddig újra meg újra meg kell születnie, amíg valamennyi földi sóvárgását betöltvén meg nem szabadul minden vágytól.

Az *Ászana* szükségessége. Az ember nem táplálhat magában helyénvaló érzéseket vagy akár gondolatokat, ha nem kellemes lelkiállapotban leledzik; márpedig az emberi test különböző részei oly harmonikusan vannak elrendezve, hogy akár a legjelentéktelenebb testrész csekély bántalma is megzavarja az egész szervezet működését. Tehát valamely dolog felfogásához, vagyis ahhoz, hogy szívbéli érzéseinkkel tisztán ráhangolódjunk az adott dologra, szükség van az előbb említett *Ászana,* a stabil és kényelmes testtartás gyakorlására.

19–22. SZÚTRA

चित्तप्रसादे सति सर्वभावोदयः स्मृतिः । १९ ।

तदेवार्थमात्रनिर्भासं स्वरूपशून्यमिव समाधिः । २० ।

ततः संयमस्तस्मात् ब्रह्मप्रकाशकप्रणवशब्दानुभवः । २१ ।

तस्मिन्नात्मनो योगो भक्तियोगस्तदा दिव्यत्वम् । २२ ।

A *Szmriti,* a hű fogalomalkotás a teremtett világ egészének megismeréséhez vezet.

A *Szamádhi,* a valódi összpontosítás képessé teszi az embert, hogy feladja egyéniségét az egyetemességért.

Ebből fakad a *Szamjáma* („önuralom" vagy az egoista

A Szent Tudomány

én legyőzése), amelynek révén az ember megtapasztalja az Istent feltáró *Aum* rezgést.

Ekként a lélek (megkereszteltetik) a *Bhakti-jógában* (áhítatban). Ez az Istenség állapota.

***Szmriti*, a hű fogalomalkotás.** Az ember a fent említett gyakorlatokban jártasságot szerezvén, képessé válik arra, hogy e teremtett világ minden dolgáról fogalmat alkosson, avagy szívbéli érzéseivel rájuk hangolódjon. E hű fogalomalkotást nevezik *Szmriti*nek.

***Szamádhi*, a valódi összpontosítás.** Ha az ember figyelmét szilárdan bármely olyan tárgyra irányozza, amelyről ekként fogalmat alkotott, s olyannyira azonosul vele, mintha levetkőzte volna saját egyéni természetét, akkor eljut a *Szamádhi* vagy valódi összpontosítás állapotába.

***Pránava Sabda*, Isten Igéje.** Amikor az ember valamennyi érzékszervét közös középpontjuk, az ideg- és érzékelőrendszer vagy *Szusúmnadvara*, a benső világ kapuja felé irányozza, érzékeli *Rádha* vagy Keresztelő Szent János isteni küldöttként érkező, tündökletes testét, és meghallja a sajátos „kopogtató" hangot, a *Pránava Sabdá*t, Isten Igéjét. Lásd János evangéliuma 1:6, 7, 23.

„Vala egy Istentől küldött ember, kinek neve János.

Ez jött tanúbizonyságul, hogy bizonyságot tegyen a világosságról, hogy mindenki higyjen ő általa."

„Én kiáltó szó vagyok a pusztában."

साधनम् *Az Eljárás*

Szamjáma, az én összpontosítása. Mindezeket észlelvén, az ember magától értetődően hinni kezd a valódi Spirituális Fény létezésében, és énjét a külvilágtól visszavonván ideg- és érzékelőrendszerére koncentrálja. Az én eme összpontosítását nevezik *Szamjámá*nak.

***Bhakti-jóga* vagy megkereszteltetés, az ember második születése.** E *Szamjáma* révén, amelynek során az ideg- és érzékelőrendszerére összpontosítja énjét, az ember megkereszteltetik vagy elmerül az Isteni Hang szent folyamában. E megkereszteltetést nevezik *Bhakti-jógá*nak. Ebben az állapotban az ember megtér; vagyis a Sötétség, *Májá* e durva anyagi teremtett világának hátat fordítván elkezd visszapaszkodni Istensége, az Örökkévaló Atya felé, aki mellől alábukott, és az ideg- és érzékelőrendszer kapuján áthaladva belép egy benső szférába, a *Bhuvarloká*ba. A belépés a benső világba az ember második megszületése. Ebben az állapotban az ember *Dévatá*vá, isteni lénnyé válik.

23. SZÚTRA

मूढविक्षिप्तक्षिप्तैकाग्रनिरुद्धाश्चित्तभेदास्ततो

जात्यन्तरपरिणामः । २३ ।

A fordítás megegyezik az alábbi szövegmagyarázattal.

Az emberi szív öt állapota. Az emberi szívnek öt állapota létezik: a sötét, az indíttatott, az állhatatos, az áhítatos és a

A Szent Tudomány

tiszta. Szívük e különböző állapotai szerint osztályozzák az embereket, és ennek megfelelően határozzák meg, hogy mely fejlődési szakaszban járnak.

24. SZÚTRA

मूढचित्तस्य विपर्ययवृत्तिवशाद् जीवस्य शूद्रत्वम्, तदा ब्रह्मण:
कलामात्रेन्द्रियग्राह्यस्थूलविषयप्रकाशात् कलि: । २४ ।

A szív sötét állapotában az ember tévképzeteket táplál (mindennel kapcsolatban). Ez az állapot az *Avidjá*, a Tudatlanság következménye, és a *Súdra*-léthez vezet (a legalsó kaszt képviselőjeként). A *Súdra* kizárólag a fizikai világ fogalmait képes megragadni. Az elme ilyetén állapota a Káli Júgában, az egyes ciklusok sötét korszakában uralkodó.

A sötét szív. A szív sötét állapotában az ember tévképzeteket alkot; úgy véli, hogy a teremtett világ e durva anyagi része az egyetlen valódi lényeg a létezésben, és hogy ezen túlmenően semmi sincsen. Ám ez az elképzelés – mint a korábbiakban kifejtettük – ellentétben áll az igazsággal, és nem egyéb, mint a Tudatlanság, az *Avidjá* hatása.

Súdra **avagy szolgaosztály.** Ebben az állapotban az embert *Súdrá*nak, azaz a szolgák osztályához tartozónak nevezik, mivel ekkor természetes kötelessége a magasabb osztályokba tartozók szolgálata, hogy része lehessen társaságukban, és ek-

साधनम् *Az Eljárás*

ként felkészíthesse szívét egy magasabb állapot elérésére.

Káli Júga, a sötét korszak. Az ember eme állapotát *Káli*nak nevezik; és valahányszor egy naprendszerben az emberek zöme elakad ebben a szakaszban, és általánosságban híján van a képességnek, hogy túlhaladjon rajta, az egész rendszerről azt mondják, hogy a Káli Júgában, a sötét korszakban tart.

25., 26. SZÚTRA

ब्रह्मण: प्रथमपादपूर्णत्चे द्वितीयसूक्ष्मविषयज्ञानाप्राप्तसन्धिकाले
चित्तस्य विक्षेपस्तदा प्रमाणवृत्तिवशात् क्षत्रियत्वम् । २५ ।
तत: सद्गुरुलाभो भक्तियोगश्च तदालोकान्तरगमनम् । २६ ।

Az első szakaszon túljutván Brahma tervében, az ember a megvilágosodásra tör, és belép a természetes *Ksatrija* (harcos) kasztba.

Indíttatást érez (a fejlődés erői által), hogy törekedjen (az igazság után). Keres egy gurut, és megbecsüli isteni tanácsait. Ekként a *Ksatrija* alkalmassá válik arra, hogy a magasabb felfogóképesség világaiban lakozzon.

Az indíttatott szív. Amikor az ember kissé megvilágosultabbá válik, összehasonlítja a teremtett anyagi világról éber állapotban szerzett tapasztalatait álombéli élményeivel, és tisztában lévén azzal, hogy utóbbiak puszta képzetek, az előbbiek lényegi létezését illetően is kezd kételyeket táplálni. Szívében ekkor indíttatást érez, hogy megismerje a világegyetem valódi

A Szent Tudomány

természetét, és kétségei eloszlatásáért küzdve bizonyítékok után kutat, hogy meghatározza az igazság mibenlétét.

Ksatrija, a katonai osztály. Ebben az állapotban az embert *Ksatrijá*nak, avagy a katonák osztályába tartozónak nevezik; természetes kötelességévé válik a fent leírt törekvés, amely révén bepillantást nyerhet a teremtett világ természetébe, és szert tehet a valódi tudásra vele kapcsolatban.

Szandhiszthala – köztes hely a magasabb és alacsonyabb között. Az ember eme *Ksatrija* állapotát *Szandhiszthalá*nak, vagyis köztes helynek nevezik a fejlődés magasabb és alacsonyabb szintje között. Eme állapotukban az embereknek, miután hő vágyakozás ébredt bennük a valódi tudásra, egymás segítségére van szükségük; ennélfogva feltámad szívükben a kölcsönös szeretet, a megváltás elnyerésének legfőbb feltétele.

E szeretet energiairányultságának ösztönzésére szeretetteljesen azok társaságát keresik, akik száműzik a bajokat, eloszlatják a kételyeket, és békességet adnak nekik, s ekként kerülik mindazt, ami az ellenkező eredményre vezetne; továbbá tudományosan tanulmányozzák az isteni személyiségek szent írásait.

Amikor az ember rálel a *Szat-guru*ra, a Megváltóra. Ily módon képessé válik arra, hogy helyesen megítélje, mi az igaz hit, és tisztába jön az isteni személyiségek valódi rangjával; ekkor abban a szerencsében részesül, hogy biztosíthatja magának ezek egyikének Istenhez hasonlatos társaságát, aki jóságosan támogatást nyújt néki Spirituális Tanítómestereként vagy *Szat-guru*jaként, Megváltójaként. A szent tanokat szeretetteljesen követve

साधनम् *Az Eljárás*

megtanulja összpontosítani az elméjét, érzékszerveit közös középpontjukra, az ideg- és érzékelőrendszerre vagy *Szusúmnadvará*ra, a benső szféra kapujára irányozza. Itt pedig érzékeli Keresztelő Szent János vagy *Rádha* tündökletes testét, és meghallja a szent Hangot (az Áment, *Aum*ot) egyfajta áramlatként vagy folyamként; majd elmerülvén és megkeresztelkedvén e folyamban, a különböző *Loká*kon, avagy a teremtett világ szféráin keresztül megindul vissza Istensége, az Örökkévaló Atya felé.

27. SZÚTRA

भूर्भुवःस्वर्महर्जनस्तपः सत्यमिति सप्त लोकाः । २७ ।

A teremtett világok avagy *Loká*k száma hét: a *Bhú*, a *Bhuvar*, a *Szvar*, a *Mahar*, a *Dzsana*, a *Tapo* és a *Szatja*. (Ezt a földet és az ember tudatfejlődésének „evilági" szakaszát *Bhúloká*nak nevezik.)

A hét *Loka*. Az Istenség felé vezető úton hét szféra, avagy a teremtés hét állomása található, amelyeket a keleti bölcsek a *Szvarga* vagy *Loka* megnevezéssel illetnek, mint azt az 1. fejezet 13. szútrájában kifejtettük. Ezek a *Bhúloka,* a durva anyag szférája; a *Bhuvarloka,* a finom anyag vagy az elektromos sajátságok szférája; a *Szvarloka,* a mágneses pólusok és aurák, vagy elektromos erők szférája; a *Maharloka,* a mágnesek, az atomok szférája; a *Dzsanaloka,* a Spirituális Tükörképek, Isten Fiainak szférája; a *Tapoloka,* a Szentlélek, az Egyetemes Szellem szfé-

A Szent Tudomány

rája, és a *Szatjaloka,* Isten, az Örökkévaló Lényeg, *Szat* szférája. E hét sík közül az első háromból (a *Bhúlokából,* a *Bhuvarlokából* és a *Szvarlokából*) áll a teremtett anyagi világ, a Sötétség, *Májá* birodalma; az utolsó három pedig (a *Dzsanaloka,* a *Tapoloka* és a *Szatjaloka*) a spirituális teremtést, a Fény birodalmát alkotja. A *Maharloka* vagy az Atom szféráját – mivel középen helyezkedik el – a „kapunak" mondják, amely a két birodalom, az anyagi és a spirituális közötti közlekedést biztosítja, és *Daszamadvará*nak, a tizedik kapunak, vagy *Brahmarandhrá*nak, az Istenséghez vezető útnak nevezik.

28. SZÚTRA

भुवर्लोके ब्रह्मणः द्वितीयपादसूक्ष्मान्तर्जगत्प्रकाशाद् द्वापरः, जीवस्य द्विजत्वञ्च, तदा चित्तस्य क्षिप्तत्वात्तस्य वृत्तिर्विकल्पः । २८ ।

A *Bhuvarloká*ba („levegő" vagy „a kifejlés világa") belépvén az ember *Dvidzsává,* vagyis „kétszer születetté" válik. Felfogja az anyagi teremtés második részletét – a finomabb, megfoghatatlanabb erők birodalmát. Az elmének ez az állapota a Dvápara Júgában uralkodó.

Dvidzsá **vagy kétszer született.** Amikor az ember megkereszteltetvén kezd megtérni, megindul az Örökkévaló Atya felé, s visszavonván énjét a durva anyagi világból, a *Bhúlokából,* belép a finom anyag, a *Bhuvarloka* világába, akkor úgy mondják, hogy immár a *Dvidzsá*k vagy kétszer születettek osztályához

साधनम् *Az Eljárás*

tartozik. Ebben az állapotban felfogja a bensejében működő elektromos erőket, a teremtés e második, finom anyagi részét, és megérti, hogy a külvilág léte lényegét tekintve nem egyéb, mint finom benső tárgyai (az elektromos erők negatív sajátságai) egybeolvadása vagy egyesülése öt érzékszervével (a pozitív sajátságokkal) a cselekvés öt szerve (a semlegesítő sajátságok) által, amit az elme és a lelkiismeret (tudat) működése idéz elő.

Az állhatatos szív. Az ember eme állapota a *Dvápara;* és amikor bármely naprendszerben ez válik az emberi lények általános és természetes állapotává, akkor e rendszer egészéről azt mondják, hogy a Dvápara Júgába lépett. A szív ebben a *Dvápara*-létben állhatatossá válik.

Ha az ember megmarad megkeresztelt állapotában, a szent folyamba merülve, akkor fokozatosan eljut egy kellemes állapotba, amelyben a szíve maradéktalanul lemond a külvilág képzeteiről, és áhítattal a benső világnak szenteli magát.

29. SZÚTRA

स्वर्गे चित्तस्यैकाग्रतया वृत्तिः स्मृतिस्ततः
ब्रह्मणस्तृतीयपादजगत्कारणप्रकृतिज्ञानवशात्
त्रेता, तदा विप्रत्वं जीवस्य । २९ ।

A *Szvarloká*ban („mennyországban") az ember alkalmassá válik a *Csitta,* az anyagi teremtés mágneses harmadik

A Szent Tudomány

részletének megértésére, és *Viprá*vá (csaknem tökéletes lénnyé) emelkedik. Az elmének ez az állapota a Tréta Júgában uralkodó.

Az áhítatos szív. Ebben az áhítattal telt állapotban az ember viszszavonván énjét a *Bhuvarloká*ból, az elektromos sajátságok világából, eljut a *Szvarloká*ba, a mágneses sajátságok, az elektromos erők és pólusok világába; ekkor képessé válik a *Csitta*, a Szív, a teremtés harmadik, mágneses tartományának felfogására. Ez a *Csitta*, mint az 1. fejezetben kifejtettük, az átszellemült Atom, *Avidjá* vagy Tudatlanság, amely a Sötétség, *Mája* része. Az ember tisztába jővén e *Csitta* mibenlétével, képessé válik a maga teljességében megérteni a Sötétséget, *Máját*, amelynek a *Csitta* egy része, valamint a teremtés egészét. Ekkor azt mondják róla, hogy a *Viprá*k vagy csaknem tökéletes lények osztályába tartozik. Ezt az állapotot *Tréta*nak nevezik; amikor ez válik az emberi lények természetes és általános állapotává bármely naprendszerben, akkor arról azt mondják, hogy a Tréta Júgába lépett.

30. SZÚTRA

महर्लोके चित्तस्य निरुद्धत्वात्तस्य वृत्तिर्निद्रा
ततः सर्वविकाराभावे ब्रह्मवत् स्वात्मानुभवात्
ब्रह्मणत्वन्तदाब्रह्मणस्तुरीयांशसत्पदार्थप्रकाशात् सत्यम् । ३० ।

A valódi megtérés útján az ember eljut *Maharlokába* (a „nagy világba"). Mivel többé nincs alávetve a tudatlanság, *Májá* befolyásának, szíve megtisztul. Belép a *Brahma-*

साधनम् *Az Eljárás*

nák („Brahma ismerői") természetes kasztjába. Az elmének ez az állapota a Szatja Júgában uralkodó.

A tiszta szív. Az Isten felé közelítő ember énje még tovább emelkedik a *Maharloká*ba, a mágnes, az Atom birodalmába; ekkor – miután a Tudatlanság összes hajtása kigyomláltatott – szíve eljut a tisztaság állapotába, s mentessé válik minden külső képzettől. Végre képessé válik a Spirituális Fény, Brahma, a világegyetem Valódi Lényegének megértésére, amely a teremtés utolsó és örökkévaló spirituális részlete. Ebben a szakaszban az embert *Brahmaná*nak vagy a spirituális osztály tagjának nevezik. Az emberi lény fejlődésének eme szakaszát *Szatja*ként említik, és amikor bármely naprendszerben ez válik az ember természetes és általános állapotává, akkor azt mondják, hogy a rendszer egésze a Szatja Júgába lépett.

31., 32. SZÚTRA

तदपि संन्यासान् मायातीतजनलोकस्थे मुक्तसंन्यासी
ततः चैतन्यप्रकटिततपोलोके आत्मनोऽर्पणात् सत्यलोकस्थे
कैवल्यम् । ३१-३२ ।

Midőn nem pusztán visszatükrözi, hanem megnyilvánítja a Spirituális Fényt, az ember felemelkedik a *Dzsanaloká*ba, Isten királyságába.

Majd továbbhalad a *Tapoloká*ba, a *Kutaszthа Csaitanja* szférájába.

A Szent Tudomány

Feladván elkülönült létezésének hívságos képzetét, belép a *Szatjaloká*ba, ahol is eléri a végső felszabadulás, a *Kaivalja,* a Szellemmel alkotott egység állapotát.

Ily módon, amikor a szív megtisztul, immár nem pusztán visszatükrözi, hanem meg is nyilvánítja a Spirituális Fényt, Isten Fiát; és ekként a Szellem által megszentelvén és felkenvén Krisztussá, a Megváltóvá magasztosul. Ez az egyetlen út, amelyen az ember, ismét megkereszteltetvén vagy elmerülvén a Szellemben, a Sötétség teremtett világa fölé emelkedhet, és beléphet a *Dzsanaloká*ba, Isten királyságába; vagyis a Fény teremtett világába. Ebben az állapotban az embert *Dzsívánmukta Szannjászí*nak nevezik, miként a Názáreti Jézus Krisztust. Lásd János evangéliuma 3:5 és 14:6.

„Bizony, bizony mondom néked: Ha valaki nem születik víztől és Lélektől, nem mehet be az Isten országába."

„Monda néki Jézus: Én vagyok az út, az igazság és az élet; senki sem mehet az Atyához, hanemha én általam."

Ebben az állapotban az ember felfogja, hogy ő maga nem egyéb tünékeny képzetnél, amely Isten, az Örökkévaló Atya egyetemes Szentlelkének egy töredékén alapszik, és tisztába jővén a valódi imádat mibenlétével, feláldozza énjét Istennek e Szentlélek-oltáron; vagyis feladván elkülönült létének hívságos elképzelését, „halottá" válik vagy feloldódik az egyetemes Szentlélekben; és ekként eljut a *Tapoloká*ba, a Szentlélek birodalmába.

साधनम् *Az Eljárás*

Ilyetenképpen, lévén egy és azonos Isten egyetemes Szentlelkével, az ember magával az Örökkévaló Atyával olvad egybe, és így eljut a *Szatjaloká*ba, ahol megérti, hogy e teremtett világ egésze lényegében semmi egyéb, mint tulajdon természetének puszta képzetjátéka, s hogy a világmindenségben a saját Énjén kívül semmi sem létezik. Az egyesülésnek ezt az állapotát nevezik *Kaivaljá*nak, az Egyedüli Énnek. Lásd Jelenések könyve 14:13 és János evangéliuma 16:28.

„Boldogok a halottak, akik az Úrban halnak meg mostantól fogva."

„Kijöttem az Atyától, és jöttem e világba: ismét elhagyom e világot, és elmegyek az Atyához."

4. FEJEZET

विभूतिः A KINYILATKOZTATÁS

1–3. SZÚTRA

सहजद्रव्यतपोमन्त्रैः देहत्रयशुद्धिस्ततः सिद्धिः । १ ।

सद्गुरुकृपया सा लभ्या । २ ।

सहजद्रव्येण स्थूलस्य तपसा सूक्ष्मस्य मन्त्रेण
कारणदेहचित्तस्य च शुद्धिः । ३ ।

A beavatottság az ember három testének megtisztítása révén érhető el. Elérhető továbbá a guru kegye által is.

A megtisztulás a Természet, a vezeklés és a *mantrák* révén megy végbe.

A Természet révén a sűrű anyag (a fizikai test) tisztul meg; a vezeklés révén a finom anyag (a finomtest) tisztul meg; a *mantrák* révén pedig az elme tisztul meg.

Beavatottá úgy válhatunk, ha minden tekintetben megtisztítjuk a testet. Anyagi testünk megtisztítása oly dolgok révén vihető véghez, amelyeket hozzá hasonlóan a Természet hozott létre; az elektromos test megtisztításának módja a türelem minden körülmények között; a mágneses test (चित्त

89

विभूति: *A Kinyilatkoztatás*

csitta, átszellemült Atom, Szív) megtisztítását pedig a légzés szabályozása révén végezhetjük el, amit *mantrá*nak, az elme megtisztítójának (मन: त्रायत इति मन्त्र:) neveznek. E megtisztulási eljárások végrehajtásának módját ama isteni személyiségek lábánál lehet megtanulni, akik bizonyságot adnak a Fényről, és tanúságot tesznek a Krisztus-tudatról.

4., 5. SZÚTRA

साधनप्रभावेण प्रणवशब्दाविर्भावस्तदेव मन्त्रचैतन्यम् । ४ ।

देशभेदे तस्य भेदात् मन्त्रभेद: साधकेषु । ५ ।

A *mantra* szent hatásának köszönhetően a *Pránava* vagy *Aum* hang hallhatóvá válik.

A szent hang különböző módokon hallható meg attól függően, hogy mely fokig jutott előre az áhítatos hívő (szívének megtisztításában).

Ha a Spirituális Tanítómester (*Szat-guru*) utasításai szerint gyakoroljuk a légzés szabályozását, a szent Ige (प्रणव, शब्द *Pránava* vagy *Sabda*) spontán módon megjelenik és hallhatóvá válik. Amikor e *mantra* (Ige, *Pránava*) felbukkan, a légzés szabályozottá válik, és megfékezi az anyagi test hanyatlását.

E *Pránava* a fejlődés különböző szakaszaiban a szív *(Csitta)* megtisztulásának mértékétől függően különböző formákban jelenik meg.

A Szent Tudomány

6. SZÚTRA

श्रद्धायुक्तस्य सद्गुरुलाभस्ततः प्रवृत्तिस्तदैव

प्रवर्त्तकावस्था जीवस्य । ६ ।

Aki a szív természetes szeretetét kiműveli, elnyeri egy guru útmutatását, és megindul *szádhaná*ján (spirituális gyakorlatainak ösvényén). Az ilyen ember *Pravartaká*vá, beavatottá válik.

A korábbiakban kifejtettük, ki a *Szat-guru*, és miként keressük társaságát. Aki részesül a színtiszta szeretet mennyei adományában, az természetes módon hajlamossá válik arra, hogy kerülje az *Aszat*nak minősülő, és keresse a *Szat*ként jellemzett társaságot. Ha szeretetteljesen a *Szat*-környezetet részesíti előnyben, az a szerencse érheti, hogy elnyeri olyasvalaki kegyeit, aki *Szat-guru*ként vagy Spirituális Tanítómesterként áll majd mellette. Tanítómesterének Istenhez hasonlatos társaságában időzve pedig egyfajta hajlandóság, *Pravritti* szökken szárba a tanítvány szívében, hogy megváltsa magát a sötétség, *Májá* teremtett világából, és *Pravartaká*vá, avagy a *Jáma* és *Nijáma,* a megváltáshoz szükséges aszketikus önmegtartóztatás és vallási előírások gyakorlásának beavatottjává válik.

7. SZÚTRA

यमनियमसाधनेन पशुत्वनाशस्ततः वीरत्वमासनादिसाधने

योग्यता च तदैव साधकावस्था प्रवर्त्तकस्य । ७ ।

विभूति: *A Kinyilatkoztatás*

A *Jáma* és *Nijáma* gyakorlása révén az emberi szív nyolc hitványsága tovatűnik, és feltámad az erény. Az ember ekként *Szádhaká*vá, igaz tanítvánnyá válik, aki alkalmas a megváltás elnyerésére.

Alkalmasint emlékszünk még rá, hogy a *Jáma* és *Nijáma* gyakorlásával a nyolc hitványság eltűnik az emberi szívből, és a nemeslelkűség foglalja el helyüket. Az ember e szakaszban válik alkalmassá az aszketikus magatartás és a többi olyan eljárás gyakorlására, amelyeket *Szat-guru*ja szükségesnek ítél számára a megváltás elnyeréséhez; ha szorgosan gyakorolja a *Szat-guru*ja által mutatott eljárásokat, akkor *Szádhaká*vá, avagy tanítvánnyá válik.

8. SZÚTRA

ततः भावोदयात् दिव्यत्वं तस्मिन् समाहिते दैववाणी

प्रणवानुभवस्तदैव सिद्धावस्था साधकस्य । ८ ।

Előbbre jut az istenesség útján, meghallja a szent *Aum* hangot, és *Sziddhá*vá, isteni személyiséggé válik.

A 3. fejezetet fellapozván olvashatunk arról, hogyan válik képessé a tanítvány, miközben a fejlődés különböző szakaszain végighalad, szívében fogalmat alkotni a teremtett világ különböző tárgyairól; és miként megy keresztül fokról fokra a meditáció állapotain; amíg végül figyelmét ideg- és érzékelőrendszerére összpontosítva észleli azt a sajátságos han-

A Szent Tudomány

got, a *Pránavát* vagy *Sabdát*, a szent Igét, amikor is szíve istenivé nemesedik, és az Ego, az *Ahamkára,* avagy az ember fia megkereszteltetik vagy elmerül e szent folyamban, és a tanítvány *Sziddhá*vá, beavatottá, isteni személyiséggé válik.

9. SZÚTRA

तत्संयमात् सप्तपातालदर्शनम् ऋषिसप्तकस्य चाविर्भावः । ९ ।

Ekkor észleli a Szellem megnyilvánulásait, és a hét *Pátála Loká*n (avagy hátgerinci központon) keresztülhaladva megpillantja a hét *risi*t.

A megkereszteltség (*Bhakti-jóga* vagy *Szurat Sabda-jóga,* az Ego feloldódása a szent Hangban) állapotában az ember megtér, visszavonja énjét a durva anyag külvilágából, a *Bhúloká*ból, és belép a finom anyag belső világába, a *Bhuvarloká*ba. Itt észleli a Szellem, az igaz Fény megnyilvánulását, miként hét csillagot hét középpontban vagy asztrális fénytől ragyogó helyen, amelyeket hét arany gyertyatartóhoz hasonlítanak. E csillagokat, lévén az igaz Fény, a Szellem megnyilvánulásai, angyaloknak vagy *risi*knek nevezik, amelyek sorra egymás után jelennek meg az ember fiának jobb kezében; vagyis az Istenséghez vezető jó úton.

A hét arany gyertyatartó a hét ragyogó hely a testben, amelyek az agyként, *szahaszrárá*ként; a nyúltagyként, az *ádzsnyá-csakrá*ként; és a következő öt hátgerinci központ-

विभूति: *A Kinyilatkoztatás*

ként ismeretesek: nyaki, *visuddha*; háti, *anáhata*; ágyéktáji, *manipúra*; keresztcsonti, *szvádhisthána*; és farkcsonti, *múladhára*, ahol a Szellem megnyilvánul. E hét központon vagy gyülekezeten keresztül halad az Ego vagy az ember fia az Istenség felé. Lásd Jelenések könyve 1:12, 13, 16, 20 és 2:1.

> „...*megfordulván pedig, láték hét arany gyertyatartót; és a hét gyertyatartó között hasonlót az ember Fiához... vala pedig a jobb kezében hét csillag.*"
>
> „*A hét csillag titkát, amelyet láttál az én jobb kezemben, és a hét arany gyertyatartót. A hét csillag a hét gyülekezet angyala, és amely hét gyertyatartót láttál, az hét gyülekezet.*"
>
> „*Ezeket mondja az, aki az ő jobbkezében tartja a hét csillagot, aki jár a hét arany gyertyatartó között.*"

A megkereszteltség (*Bhakti-jóga* vagy *Szurat Sabda-jóga*) eme állapotában az Ego, *Szurat*, az ember fia, fokozatosan keresztülmenvén a hét említett helyen, szert tesz az ezekben rejlő tudásra; és amidőn ilyeténképpen e területek mindegyikét bejárva utazása végére ér, megérti a világegyetem valódi természetét. Visszavonván énjét a *Bhuvarloká*ból, a finom anyagi teremtésből, belép a *Szvaloká*ba, minden finom és durva anyag forrásába. Itt észleli a Szíve, az Atom, a Teremtő Szellem királyiszéke körül a ragyogó, asztrális alakzatot, amely öt elektromos erővel és két pólussal, az Elmével és az Értelemmel ékes – s ezek a szivárvány hét színében tündökölnek. Az elektromos erők, az elme és az értelem e szférájában, amely valamennyi érzéki tárgy és a belőlük élvezetet

A Szent Tudomány

merítő érzékek forrása, az ember tökéletesen kielégül azáltal, hogy vágyai valamennyi tárgyának birtokába kerül, és maradéktalanul megismeri őket. Ekként a fentebb említett asztrális alakzatot a maga elektromos erőivel és pólusaival, vagyis hét részével a tudás lepecsételt ládikájaként írták le, hétpecsétes könyvként. Lásd Jelenések könyve 4:3 és 5:1.

„*...és a királyiszék körül szivárvány vala.*"

„*És láték annak jobbkezében, aki a királyiszékben üle, egy könyvet, amely be volt írva belől és hátul, és le volt pecsételve hét pecséttel.*"

10. SZÚTRA

तदा ज्ञानशक्तियोगक्रमात्

सप्तस्वर्गाधिकारस्ततश्चतुर्मनूनामाविर्भावः । १० ।

Ekkor a jóga ismerete és ereje révén az ember főhatalomra tesz szert a hét *Szvarga* (menny) felett. A négy eredendő képzet (a „négy *manu*" vagy őseredeti gondolat, amelyekből a teremtés léte fakadt) szertefoszlatásával elnyeri a megváltást.

E *Szvarloká*n átjutva az ember fia eléri a *Maharloká*t, a mágnes (az Atom) helyét, amelynek négy alkotóeleme a megnyilvánulás (az Ige), az Idő, a Tér és a részecske (az Atom). Mint az 1. fejezetben említettük, e *Maharloka* képviseli az *Avidjá*t, Tudatlanságot, amely az én elkülönült létezésének képzetét előidézi, és az Ego, az ember fia forrása. Mivel

विभूति: *A Kinyilatkoztatás*

tehát az ember (मानव *mánava*) a Tudatlanság sarja, a Tudatlanságot pedig a négy előbb említett képzet jeleníti meg, e képzeteket a négy *manu*nak (मनु + ष्ण = मानव), az ember eredetének vagy forrásainak nevezzük.

11. SZÚTRA

ततः भूतजयादणिमाद्यैश्वर्यस्याविर्भावः । ११ ।

Miután ekként győzedelmeskedett a Sötétség és Tudatlanság erőin, az ember eggyé válik Istennel.

A *Maharloka,* a Mágnes (Atom) birodalma a *Brahmarandhra* vagy *Daszamadvara,* a kapu a két teremtés, az anyagi és szellemi között. Amikor az Ego, az ember fia a kapuhoz ér, felfogja a Spirituális Fény mibenlétét, és megkereszteltetik benne. E kapun áthaladván pedig felülemelkedik a Sötétség, *Májá* teremtett képzetvilágán, és belép a spirituális világba, magába fogadja az igaz Fényt, és Isten Fiává válik. Ekként az ember az Isten Fiaként lerázza magáról a Sötétség, *Májá* megannyi béklyóját, és maradéktalanul birtokába jut az *aisvarják*nak, az aszketikus fenségeknek. Ezek az *aisvarják* nyolcfélék:

Animá, a képesség, amellyel az ember saját testét vagy bármi egyebet tetszése szerint lekicsinyíthet, akár olyan parányira, mint egy atom, *anu*.

Mahimá, a képesség, amellyel az ember saját testét vagy bármi egyebet *mahat*tá, tetszése szerinti nagyságúvá tehet.

A Szent Tudomány

Laghimá, a képesség, amellyel az ember a saját testét vagy bármi egyebet *lághu*vá, tetszése szerinti könnyűségűvé tehet.

Garimá, a képesség, amellyel az ember a saját testét vagy bármi egyebet *guru*vá, tetszése szerinti nehézségűvé tehet.

Prápti, az *ápti* képessége, amellyel az ember tetszése szerint bármit elérhet.

Vasitvá, a *vasa* képessége, amellyel az ember mindent az ellenőrzése alá vonhat.

Prákámja, a képesség, amellyel az ember minden vágyat, *kámá*t kielégíthet ellenállhatatlan akaraterejével.

Ísitvá, a képesség, amellyel az ember *Ísá*vá, Úrrá válik mindenek felett. Lásd János evangéliuma 14:12.

"Bizony, bizony mondom néktek: Aki hisz én bennem, az is cselekszi majd azokat a cselekedeteket, amelyeket én cselekeszem; és nagyobbat is cselekszik azoknál; mert én az én Atyámhoz megyek."

12. SZÚTRA

ततः सृष्टिस्थितिप्रलयज्ञानात् सर्वनिवृत्तिः ।
तदा मायातिक्रमे आत्मनः परमात्मनि दर्शनात् कैवल्यम् ॥ १२ ॥

A fejlődés, az élet és a felbomlás megismerése ekként vezet a teljes felszabaduláshoz a *Májá*, a káprázat béklyóiból. Megpillantván énjét a Legfelsőbb Énben, az ember elnyeri örök szabadságát.

विभूति: *A Kinyilatkoztatás*

Ekként az ember, az *aisvarják,* az előbb említett aszketikus fenségek birtokában maradéktalanul felfogja az Örökkévaló Szellemet, az Atyát, az egyetlen Valódi Lényeget Egységként, a Tökéletes Egészként, tulajdon Énjét pedig puszta képzetként, amely e Szellem Spirituális Fényének egy pászmáján alapszik. Miután ilyetén képpen megvilágosodott, teljességgel feladja tulajdon Énje elkülönült létezésének hívságos elképzelését, és egyesül Ővele, az Örökkévaló Szellemmel, az Atyaistennel. Ez az egyesülés Istennel a *Kaivalja,* az ember végső célja, miként ebben az értekezésben megvilágítottuk. Lásd Jelenések könyve 3:21.

"Aki győz, megadom annak, hogy az én királyiszékembe üljön velem, amint én is győztem és ültem az én Atyámmal az ő királyiszékében."

ÖSSZEFOGLALÁS

„Szeretet vezérel udvart, tábort, ligetet,
alant az embert, s az égi szenteket,
hisz a szeretet a menny, s a menny szeretet."

Az idézett verssorokban[1] a költő gyönyörűen ábrázolja a szeretet hatalmát. Az előző oldalakon világosan bizonyítást nyert, hogy „a szeretet Isten", s ez nem pusztán egy költő legnemesebb érzülete, hanem az örök igazság velős megfogalmazása. Bármilyen hitet valljon is az ember, és bármilyen legyen is a társadalmi helyzete, ha megfelelőképpen követi ezt a vezérelvet, amely természettől fogva bele van plántálva a szívébe, bizonnyal a helyes úton halad afelé, hogy megváltsa magát a tévelygéstől a Sötétség, *Májá* e teremtett világában.

Az előző oldalakon rámutattunk, hogyan művelhető ki a szeretet, miként fejleszthető a megfelelő gyakorlással, s ha egyszer kifejlődött, eme egyetlen eszköz segítségével hogyan találhat rá az ember Spirituális Tanítómesterére, akinek kegye révén újfent megkereszteltetik a szent folyamban, és feláldozza Énjét Isten oltára előtt, hogy egyszer s mindenkorra egyesüljön az Örökkévaló Atyával. Ezt a kis kötetet te-

---

1 Sir Walter Scott *The Lay of the Last Minstrel* című balladája harmadik énekének 2. versszaka.

Összefoglalás

hát az olvasónak címzett komoly intéssel zárom, hogy soha ne feledkezzen meg az élet nagy céljáról. A megvilágosodott bölcs, Sankaracsarja szavaival:

"नलिनीदलगतजलमतितरलं तद्वज्जीवनमतिशयचपलम् ।
क्षणमिह सज्जनसंगतिरेका भवति भवार्णवतरणे नौका ॥"

[„Az élet mindenkor bizonytalan és ingatag, miként vízcsepp a lótuszlevélen. Egy isteni személyiség társasága, élvezzük bár csupán egy pillanatig, megmenthet és megválthat minket."]

A SZERZŐRŐL

Szvámi Srí Juktésvart, az India ősi örökségét hordozó, megvilágosodott *risi*k eszményi példaképét Dzsnyánavatárként („a bölcsesség megtestesüléseként") tisztelik szerte a világon mindazok, akiknek ösztönzést adott életével és tanításaival. Ő megvalósította azt a fajta önuralmat és isteni beteljesülést, amely minden korban az igazságkeresők legmagasabb rendű célja volt.

Életének korai szakasza

Szvámi Srí Juktésvar Prija Náth Karár néven született Szerampórban (Kalkutta közelében) 1855-ben, Ksetranath és Kadambiní Karár egyetlen fiaként. Atyja, Ksetranath gazdag üzletember volt, a család több nagy birtokot tudhatott magáénak a vidéken.

Az ifjú Prija éles értelme és tudásszomja már kisfiúkorában is megnyilvánult. Azonban ahogyan nagy elmék esetében gyakori, a kötelező iskolai oktatást inkább gátló körülménynek, semmint segítségnek találta, s így nem folytatott magasabb szintű tanulmányokat.

Prija Náth még gyermek volt, amikor Ksetranath Karár elhunyt, következésképpen fiának igen fiatalon kellett felvállalnia a családi földbirtokok kezelését. Ifjúkorba lépvén házasságot kötött, azonban felesége alig néhány évvel később meghalt; egyetlen leánygyermekük pedig fiatalasszonyként hunyt el, nem sokkal férjhezmenetele után.

Prija Náth igazságkeresése során eljutott a nagy mesterhez, a benáreszi Láhíri Mahásajához, aki a Krijá-jóga meditáció szent tudományát az Istenre eszmélés elérésének legeredményesebb eszközeként magasztalta, s aki a modern időkben elsőként tanította nyíltan ezt az ősi tudományt. Láhíri Mahásaja útmutatásának és saját Krijá-gyakorlásának köszönhetően Srí Juktésvar eljutott a legfelsőbb spirituális ál-

A szerzőről

lapotba, amelyben – amint azt *A szent tudomány*ban leírja – „[az ember] teljességgel feladja tulajdon Énje elkülönült létezésének hívságos elképzelését, és egyesül Ővele, az Örökkévaló Szellemmel, az Atyaistennel. Eme egyesülés Istennel a *Kaivalja*, az ember végső célja."

A szent tudomány megírása

Srí Juktésvar felismerte, hogy a Kelet spirituális örökségének és a Nyugat természettudományos és technikai eredményeinek szintézise sokat tenne a modern világ fizikai, pszichés és spirituális szenvedéseinek enyhítéséért. Meggyőződése volt, hogy a két kultúra legtisztább pozitív megkülönböztető jegyeinek kölcsönös megismertetése mind egyéni, mind nemzetközi szinten hatalmas előrelépésekhez vezetne. Ezek az elgondolások a Mahávatár Bábádzsível, Láhíri Mahásaja gurujával 1894-ben végbement nevezetes találkozó során kristályosodtak ki benne. Srí Juktésvar a következőképpen mesélte el e találkozás történetét:[1]

„– Légy üdvözölve, Szvámidzsí! – mondotta szeretetteljesen Bábádzsí.

– De Uram – feleltem nyomatékosan –, én *nem* vagyok szvámi.

– Akiket én isteni útmutatás alapján felruházok a *szvámi* címmel, sosem vetik le azt.

A szent egyszerűen szólott hozzám, ám szavaiban az igazság mélységes meggyőződése csengett; engem pedig azon nyomban elárasztott a spirituális áldás hulláma. Elmosolyodtam váratlan felemelkedésemen az ősi szerzetesi rendbe,[2] s földig hajoltam e láthatóan nagy és angyali

---

1 A találkozást Paramahansza Jógánanda jegyezte fel *Egy jógi önéletrajza* című könyvének 36. fejezetében.

2 Srí Juktésvart később a bihári Bódh Gajá *mahant*ja (rendházfőnöke) hivatalosan is beiktatta a Szvámi-rendbe. Ekkor vette fel családi neve helyett a Szvámi Srí Juktésvar („Istennel egyesült") szerzetesi nevet.

A Szent Tudomány

lény előtt, aki emberalakot öltött, s ily nagy megtiszteltetésben részesített engem....

– Láttam, hogy téged éppúgy érdekel a nyugati világ, mint a keleti. – Bábádzsí arcáról helyeslés sugárzott. – Éreztem gyötrelmeit a szívednek, amely elég tágas minden ember számára. Ezért hívattalak ide.

– Keletnek és Nyugatnak ki kell alakítaniuk egy arany középutat a cselekvés és a spiritualitás elegyítésével – folytatta. – Indiának sokat kell tanulnia a Nyugattól az anyagi fejlődés terén; cserébe India megtaníthatja a nyugati világnak azokat az egyetemes módszereket, amelyekkel a vallási meggyőződéseit a jógatudomány rendíthetetlen alapjaira helyezheti. Neked, Szvámidzsí, szerepet kell játszanod a Napkelet és Napnyugat között hamarosan elkövetkező, harmonikus eszmecserében. Mához néhány évre küldök majd néked egy tanítványt, akit kiképezhetsz arra, hogy elterjessze a jóga tanait a nyugati világban. Szinte elárasztanak engem az ott élő, spirituális kereső lelkek rezgései. Érzem, hogy Amerikában és Európában leendő szentek szunnyadnak, csak arra várván, hogy felébresszék őket...

– Ha megkérnélek, Szvámidzsí – mondotta a nagy mester –, írnál egy rövid könyvet a keresztény és a hindu szentírások alapvető összhangjáról? Lényegi egységüket ma még elhomályosítják az emberek felekezeti különbségei. Mutasd hát be párhuzamos hivatkozásokkal, hogy Isten ihletett fiai mindenütt ugyanazokat az igazságokat hirdették!"

Szerampórba visszatérvén Srí Juktésvardzsí hozzálátott irodalmi munkásságához. „Az éj csendjében belevetettem magam a Biblia és a *Szanátana Dharma*[3] összevetésébe – emlékezett vissza később. – Az áldott Úr Jézus szavait idézve bizonyítottam, hogy tanításai lényegükben azonosak a Védák kinyilatkoztatásaival. *Paramguru*m[4] kegyének köszönhetően könyvem, *A szent tudomány* rövid időn belül elkészült."

---

3 Szó szerint „örökkévaló vallás", e néven vált ismertté a hinduizmus alapját képező védikus tanítások gyűjteménye.

4 Az ember gurujának guruja; ez esetben Mahávatár Bábádzsí.

A szerzőről

A tanítványok oktatása

Évek múltával Szvámi Srí Juktésvar kezdett tanítványokat fogadni, hogy spirituális képzésben részesítse őket. Ősi szerampóri otthonát tette meg remetelakjának; később egy újabb ásramot is épített Puríban, a tengernél, háromszáz mérföldnyire délre Kalkuttától.

Srí Juktésvar 1910-ben találkozott a tanítvánnyal, akiről Bábádzsí hajdan megígérte, hogy elküldi hozzá, legyen a jóga tudományának terjesztője a nyugati világban: a tanítvány Mukunda Lál Ghós volt, akit Srí Juktésvar később a Paramahansza Jógánanda szerzetesi névvel ruházott fel. *Egy jógi önéletrajza* című művében Paramahanszadzsí részletesen ecsetelte spirituális tanulóidejének hosszú éveit Szvámi Srí Juktésvar keze alatt, lenyűgöző életrajzi portrét festve gurujáról, amelyből a rövid szemelvények alábbi együttesét emeltük ki:

„Az ásram mindennapi élete zökkenőmentesen zajlott, vajmi kevés változatossággal. Gurum már pirkadat előtt felébredt. Még fekve vagy olykor ágyán ülve belépett a *szamádhi*[5] állapotába...

Ám eztán nem a reggeli következett; elébb még hosszú sétát tettünk a Gangesz partján. Ó, azok a reggeli barangolások a gurummal – még ma is milyen valószerűen és élénken élnek bennem! Amikor átszakad bennem az emlékek gyönge gátja, gyakran találom magam az ő oldalán. A kora reggeli nap melengeti a folyót; s megszólal gurum, a bölcsesség nemes érce csendül hangjában.

Fürdő, azután a déli étkezés. Ennek elkészítése a Mester napi utasításai szerint az ifjú tanítványok gondosságot igénylő feladata volt. Gurum vegetáriánus volt. Azonban mielőtt a szerzetesi életet választotta volna, tojást és halat is fogyasztott. Növendékeinek azt a tanácsot

---

5 *Szamádhi* (szó szerint „együtt irányítani") egy üdvös boldogsággal teljes, tudat feletti állapot, amelyben a jógi észleli az egyénített lélek és a Kozmikus Szellem azonosságát.

A Szent Tudomány

adta, hogy bármely egyszerű étrendet követhetnek, amely alkatuk számára megfelelőnek bizonyul."

„A látogatók délutánonként érkeztek. Nem apadó folyamban áradtak a világból a nyugalmas remetelakba. Gurum minden vendéggel udvariasan és kedvesen bánt. Egy mester – aki ráeszmélt, hogy nem a testtel vagy az egóval azonos, hanem a mindenütt jelenlévő lélekkel – minden emberben meglátja a szembeszökő hasonlóságot."

„Nyolc óra volt a vacsora ideje, amelyen néha ott ragadt vendégek is részt vettek. Gurum nem mentette ki magát, hogy egyedül étkezhessen; az ásramot senki sem hagyhatta el éhesen vagy elégedetlenül. Srí Juktésvar sosem esett zavarba, sosem lepték meg váratlan látogatók; a tanítványoknak adott leleményes útmutatásai nyomán a szűkös eleségből is egész lakoma kerekedett ki. Ennek ellenére takarékos ember volt; szerény tőkéjéből sok mindenre tellett. »Addig nyújtózkodj, ameddig a takaród ér! – szokta mondani. – A pazarlás csak bajt hoz az emberre.« A Mester a kreatív szellem eredetiségét mutatta a remetelak vendéglátásában éppúgy, mint az építési és javítási munkálatok s egyéb gyakorlati ügyek terén.

A csendes, esteli órákban gurum gyakorta kezdett időtlen, kincset érő fejtegetésekbe. Minden szavából bölcsesség sugárzott. Beszédmódját fennkölt magabiztosság jellemezte; egyedülállóan fejezte ki magát. Úgy beszélt, ahogyan embert soha korábban nem hallottam beszélni. Gondolatait ítélőképességének érzékeny mérlegére tette, mielőtt a szavak gúnyájába öltöztette volna. Az igazság lényege mindent áthatóan, mintegy élettani hatást keltvén, a lélek illatos kipárolgásaként áradt belőle. Mindig tudatában voltam, hogy Isten élő megnyilvánulásának jelenlétében vagyok. Istenségének súlyát érezvén önkéntelenül fejet hajtottam előtte."

„A szentírásokat kivéve Srí Juktésvar keveset olvasott. Mégis minden esetben jól ismerte a legújabb tudományos felfedezéseket és az emberi tudás más vívmányait. Ragyogó társalgóként számtalan külön-

A szerzőről

böző témáról tudott élvezetesen eszmét cserélni vendégeivel. Gurum szavakész elméssége és kitörő nevetése minden társalgást megélénkített. Bár gyakorta viselkedett komolyan, a Mester kedélye sosem volt borús. »Mert az ember az Urat keresi, azért még nem kell „eltorzítania arcát" – mondogatta a Bibliát idézve.[6] – Ne feledjétek, Isten meglelése azt fogja jelenteni, hogy minden bánatot eltemethettek.«

A filozófusok, professzorok, ügyvédek és tudósok közül, akik a remetelakot felkeresték, sokan azzal a gondolattal érkeztek első látogatásukra, hogy egy vaskalapos és vakbuzgó hívővel fognak találkozni. Alkalmanként egy-egy önhitt mosoly vagy szórakozottan türelmes pillantás elárulta, hogy az újonnan érkezettek semmi többet nem vártak néhány jámbor közhelynél. Ám miután elbeszélgettek Srí Juktésvarral, és felfedezték, milyen pontos ismeretekkel rendelkezik az ő szakterületükön, a látogatók nehezen szakadtak el tőle."

„A Mesternek jó néhány orvos tanítványa volt. »Akik élettant tanultak, azoknak tovább kell lépniük, hogy tanulmányozzák a lélek tudományát – mondta nekik. – A testi működés hátterében egy kifinomult szellemi struktúra rejlik.«"

„»A teremtés egészét a törvény kormányozza – mondotta. – A külső világegyetemben működő elveket, amelyeket a tudósok felfedezhetnek, természeti törvényeknek nevezik. Léteznek azonban kifinomultabb törvények is, amelyek a rejtett, spirituális síkokat és a tudat benső birodalmát irányítják; ezek az elvek a jóga tudománya révén ismerhetők meg. Nem a fizikus, hanem az Énjére eszmélt Mester az, aki felfogja az anyag valódi természetét. E tudás birtokában volt képes Krisztus visszaforrasztani a szolga fülét, miután a tanítványok egyike levágta.«"

„A Mester csodálatos világossággal értelmezte a keresztény Bibliát. Az én hindu gurum volt az – bár sosem szerepelt a keresztény

---

6 Máté 6:16

A Szent Tudomány

egyház tagjainak névsorában –, akitől megtanultam felfogni a Biblia halhatatlan lényegét... Sem Keleten, sem Nyugaton soha nem tapasztaltam, hogy bárki olyan mély spirituális éleslátással magyarázta volna a keresztény szentírást, ahogyan Srí Juktésvar."

„Srí Juktésvar azt tanácsolta növendékeinek, hogy eleven összekötő kapcsot alkossanak a nyugati és keleti erények között. Külső szokásaiban ő is Nyugat tökéletes fia volt, bensőjében azonban maga a spirituális keleti. Dicsérte a Nyugat haladó, leleményes és higiénikus életmódját, akárcsak azokat a vallási eszményeket, amelyek évszázados dicsfénybe vonják a Keletet."

„Srí Juktésvar mindenkor tartózkodóan és tárgyilagosan viselkedett. Semmi sem volt benne a ködös és rajongó látnokból. Két lábbal állt a földön, elméje a mennyek menedékében lelt biztos oltalmat. A gyakorlatias emberek keltették fel bámulatát. »A szentéletűség nem azonos a bárgyúsággal! Az isteni észleletek senkit sem fosztanak meg a cselekvőképességétől! – szokta volt mondogatni. – Az erény tevőleges kinyilvánítása borotvaélessé teszi az értelmet.«

„Srí Juktésvar intuíciója a lényegig hatolt; a megjegyzésekre ügyet sem vetve gyakran az ember ki nem mondott gondolataira válaszolt... Az isteni éleslátás leleplező szavai sokszor fájdalmasak az evilági fül számára; a felszínes növendékek körében a Mester nem örvendett népszerűségnek. Ám a bölcsek, bár számuk csekély volt, mélységesen tisztelték őt. Merem állítani, hogy ha nem lett volna olyan szókimondó, a legkeresettebb guruvá vált volna egész Indiában..."

„Lenyűgöző volt látni, hogy egy ilyen tüzes akaraterejű Mester ily higgadt tudott lenni belül. Tökéletesen megfelelt a meghatározásnak, amelyet a Védák adnak Isten emberéről: »Virágnál gyengédebb, ha jóságról van szó; mennydörgésnél erősebb, ha elvek forognak kockán.«"

„Gyakran tűnődtem el azon, hogy fenséges mesterem könnyűszerrel lehetett volna császár vagy világot megrengető harcos, ha gondolatait a hírnévre vagy a világi diadalra összpontosítja. Ő ehelyett úgy döntött, hogy a harag és önzés ama benső fellegvárát veszi ostrom alá, amelynek eleste az ember felmagasztosulása."

1920-ban Szvámi Srí Juktésvar Amerikába küldte Paramahansza Jógánandát, hogy végrehajtsa a küldetést, amelyről sok évvel azelőtt Mahávatár Bábádzsí beszélt – vagyis az Igazságkeresők számára szerte a világon hozzáférhetővé tegye a Krijá-jóga felszabadító tudományát. E célból Srí Jógánanda megalapította a Self-Realization Fellowshipet[7], e nemzetközi társaságot, amelynek székhelye Los Angelesben található. A Nyugaton töltött három évtized során Srí Jógánanda Amerika nagyobb városainak legtöbbjében tartott telt házas előadásokat; számos könyvet írt, és összeállította a jógaleckék egy átfogó sorozatát otthoni tanulmányozás céljára; illetve szerzetesnövendékeket oktatott, hogy tovább folytassák a spirituális és emberbaráti munkát, amelyet Mahávatár Bábádzsí és Szvámi Srí Juktésvar bíztak rá.

Tanítványa Amerikában végzett áldozatos szolgálatának és eredményeinek elismeréseképpen Srí Juktésvar több ízben is írt Jógánandadzsínek. A következő szemelvények két ilyen, az 1920-as évek derekán írt levélből származnak, s megindító bepillantást nyújtanak abba a szeretet szálaival szorosra fűzött, isteni kapcsolatba, amely e két nagy lélek között fennállt:

Szívemnek gyermeke, ó, Jógánanda!

Örömtől ellágyulva látom [a fényképeken] jóganövendékeidet a különböző városokból. Az általad alkalmazott énekes megerősítések, gyógyító rezgések és isteni gyógyító imádságok módszereiről hallván ellenállhatatlanul tör fel szívemből a köszönet.

* * *

---

7 Szó szerinti fordításban: Önvalóra Ébredés Társasága. Paramahansza Jógánanda a Self-Realization Fellowship név jelentését a következőképpen magyarázza: „Istennel való egység az Önvalóra Ébredésen keresztül, és barátság minden igazságkereső lélekkel."

A Szent Tudomány

Oly nagy örömmel veszem szemügyre a Mount Washington-i udvarház[8] fényképét, hogy szavakkal ki sem tudom fejezni. Lelkem arra vágyik, hogy odarepüljek és megnézzem. Keményen dolgoztál, hogy Isten eszközeként létrehozd mindezt. Folytasd tovább a munkát tetszésed szerint. Miközöttünk sosem lehet semmilyen véleménykülönbség...

Miután visszatérek Szerampórba, alkalmasint megpróbálok útlevelet szerezni egy világ körüli utazásra, ám a körülmények arra mutatnak, hogy ebben a testben ez már aligha lesz lehetséges számomra. Azt szeretném, ha a közeledben válhatnék meg testemtől, a te otthonodban. E gondolat nagy boldogság forrása számomra.

Purít illetően intézkedj, hogy ki viselje gondját! Én a Guru kegyéből jól vagyok ugyan, de épp készülök búcsút mondani a különböző központokkal kapcsolatos adminisztratív ügyeknek. Többé már nem vagyok képes ellátni ezt a temérdek, aprólékos feladatot. Ez a kezdete a szervezőmunkával kapcsolatos utolsó erőfeszítéseimnek... Reménykedve várlak.

Utolsó napjai és távozása

Ahogyan Srí Juktésvar előre látta, nem az volt az Istenség akarata, hogy elutazzon Amerikába. Jógánandadzsínek sem sikerült elszakadnia számos kötelezettségétől, hogy ellátogasson Indiába. Végül 1935-ben intuitív módon érzékelvén, hogy guruja sürgősen magához szólítja – ami baljós előjel volt arra nézve, hogy Srí Juktésvar napjai meg vannak számlálva –, Jógánandadzsí visszatért Indiába egy egyesztendős látogatásra. Két amerikai tanítványa kísérte el útjára. Egyikük, C. Richard Wright úr alábbiakban következő beszámolója ama kevés személyes leírás egyike Srí Juktésvardzsíról, amelyet nyugati ember írt:

Ünnepélyes alázatossággal eltelve mentem be Jógánandadzsí mögött a remetelak falai között elterülő udvarra. Sebesen dobogó szívvel hág-

---

8 Utalás a Self-Realization Fellowship Nemzetközi Székházának Igazgatási Épületére a Mt. Washington tetején, Los Angelesben, amelyet Paramahansza Jógánanda néhány hónappal korábban vásárolt meg.

A szerzőről

tunk fel néhány régi betonlépcsőn; kétségkívül számtalan igazságkereső lába tapodta már ezeket. Izgatottságunk mind hevesebbé vált, ahogyan lépdeltünk. Előttünk, a lépcső tetejénél csendesen felbukkant a Nagy Mester, Szvámi Srí Juktésvardzsí, egy bölcs nemes testtartásában álldogálva. Szívemben túláradt az ő fennkölt és áldott jelenlétének érzése...

Térdre ereszkedtem a Mester előtt, így adván jelét kifejezhetetlen szeretetemnek és hálámnak; megérintettem kortól és szolgálattól kérges lábát, és fogadtam áldását. Azután felálltam, és belenéztem gyönyörű szemébe – az önvizsgálattól elmélyült tekintetéből csak úgy sugárzott az öröm...

A Nagy Mester szívmelengető mosolya és tündöklő szeme egyszeriben elárulta szentéletűségét. Derűs, mégis komoly beszédéből nyomban kitűnik kifejezésmódjának biztonsága; a bölcs ismertetőjegye – olyan emberé, aki tisztában van azzal, hogy mindent tud, hiszen ismeri Istent. A mester hatalmas bölcsessége, szilárd céltudatossága és eltökéltsége minden tekintetben szembetűnő.

Egyszerűen volt öltözve; valaha élénkebbre festett dhótija és inge immár fakó narancsszínűre kopott. Miután mélységes tisztelettel többször is végigmértem, láttam, hogy magas és atlétatermetű férfiú; testét megedzették lemondással teli életének megpróbáltatásai és áldozatai. Tartása fenséges. Méltóságteljes léptekkel mozog, közben kihúzza magát. Kedélyes nevetése mellkasának mélyéről tör elő, hogy egész teste belerázkódik.

Szigorú arca az isteni hatalom lenyűgöző benyomását kelti. Középen elválasztott haja a homloka körül fehér, másutt ezüstös arany és ezüstös fekete sávok vegyülnek bele, s göndör fürtökben verdesi a vállát. Szakálla és bajusza gyér és ritkás, s ekként csak még erősebben kiemeli vonásait. Homloka magas, mintha a mennyek felé törne. Sötét szeme köré éteri, kék gyűrű von dicsfényt... Amikor hallgat, ajka feszes, mégis alig észrevehető gyengédség enyhíti meg.

Noha Srí Juktésvardzsí minden külső jel szerint kiváló egészségnek örvendett, valójában közelgett az idő, hogy elhagyja testét. 1935 vége felé magához hívta Paramahanszadzsít.

A Szent Tudomány

„Az én evilági munkám véget ért; immár neked kell folytatnod."
Srí Juktésvar halkan beszélt, tekintete szelíd és nyájas volt.

„Kérlek, küldj valakit, hogy gondját viselje az ásramunknak Puríban – folytatta. – Mindent a te kezeidbe helyezek. Te képes leszel sikerrel irányítani életed és a szervezet hajóját az isteni partok felé."

A nagy guru 1936. március 9-én, Puríban lépett be a *mahászamádhi*ba (a jógi végső, tudatos távozása a testből). Az *Amrita Bazar Patrika*, Kalkutta vezető újságja fényképével együtt a következő beszámolót közölte le:

A 81 esztendős Szrimát Szvámi Srí Juktésvar Giri Mahárádzs *Bhándárá*-gyászszertartását március 21-én tartották Puríban. Számos tanítványa érkezett a városba a szertartásra.

A Bhagavad-gíta egyik legkiemelkedőbb magyarázója, Szvámi Mahárádzs a benáreszi Jógirádzs Srí Sjáma Csaran Láhíri Mahásaja jeles tanítványa volt. Szvámi Mahárádzs számos Jogóda Szatszanga [Self-Realization Fellowship] központot alapított Indiában, és legfőbb ösztönzője volt ama jógamozgalomnak, amelyet Szvámi Jógánanda, legkiválóbb tanítványa indított útjára a nyugati világban. Srí Juktésvardzsí prófétai képességei és mélységes tudatossága ösztönözte Szvámi Jógánandát arra, hogy átkeljen az óceánon, és Amerikában kezdje terjeszteni India mestereinek üzenetét.

A Bhagavad-gítát és egyéb szentírásokat érintő értelmezései híven tanúsítják, milyen tökéletesen jártas volt Srí Juktésvardzsí mind a keleti, mind a nyugati filozófiában, s örök időkre rányitják az emberek szemét Napkelet és Napnyugat egységére. Mivel szilárdan hitt valamennyi vallás egységében, Srí Juktésvar Mahárádzs különböző felekezeti és vallási vezetők közreműködésével megalapította a Szádhu Szabhát (a Szentek Társaságát), hogy tudományos szellemmel hassák át a vallási életet. Halálának óráján Szvámi Jógánandát nevezte ki utódjának a Szádhu Szabha elnökeként.

E kiváló személyiség elhunytával India a mai napon valóban szegényebbé vált. Reméljük, hogy akik elég szerencsések voltak közel kerülni hozzá, mélyen szívükbe vésik India kultúrájának és ama *szádhaná*nak valódi szellemét, amely benne öltött testet.

A szerzőről

Öröksége az emberiség számára

A felébredt lélek, aki megtapasztalja az Abszolútum jelenlétét, megismeri Istent az egyetlen Valóságként, s élet és halál múlandó jeleneteit a *májá*, a káprázat részeinek – a mindenütt jelenvaló Kozmikus Teremtő színe előtt zajló isteni színjátéknak – tekinti. Elhunyta után Srí Juktésvar mélyenszántó végrendeletet közölt a világgal azokról az igazságokról, amelyeket oly velősen foglalt össze *A szent tudomány*ban. Amikor Jógánandadzsí szeretett guruja elvesztését gyászolva előkészületeket tett, hogy visszautazzon Amerikába, Srí Juktésvardzsí megjelent előtte feltámadt alakban. A csodálatos élmény – és Srí Juktésvar kinyilatkoztatásai a kozmikus teremtés valódi természetéről, a halál utáni életről, és a halhatatlan lélek tovább folytatódó spirituális fejlődéséről – egy egész fejezet témája Paramahansza Jógánanda *Egy jógi önéletrajza* című művében.

„– Immár elmeséltem néked, Jógánanda, az életemmel, halálommal és feltámadásommal kapcsolatos igazságokat – mondotta Srí Juktésvardzsí szeretett tanítványának. – Ne gyászolj engem; inkább hirdesd mindenütt a feltámadásom történetét... Új reményt öntesz ezzel a világ nyomorúságba tébolyodott, haláltól rettegő álmodóiba.

„Túl régóta hallgat [az ember] a »por vagy te« intést hajtogatók csüggeteg borúlátására, nem szentelvén figyelmet a legyőzhetetlen léleknek" – írta Paramahanszadzsí, amikor beszámolt erről az isteni élményéről Szvámi Srí Juktésvarral. Élete és bölcsességének átadása, valamint halála és feltámadásának dicsőséges kinyilvánítása révén a nagy Dzsnyánavatár az emberiség egészének örökül hagyta magasztos látomását az emberekben, az egyetlen Isten halhatatlan gyermekeiben lakozó isteni természetről.

TOVÁBBI FORRÁSOK PARAMAHANSZA JÓGÁNANDA KRIJÁ JÓGA TANÍTÁSAIHOZ

A Self-Realization Fellowship elkötelezetten és ingyenesen segíti világszerte az istenkeresőket. Információkért az évenként megrendezésre kerülő nyilvános előadásainkról és tanfolyamainkról, valamint a világ különböző részein lévő templomainkban és központjainkban tartott meditációkról és lelkesítő istentiszteleteinkről, meditációs hétvégéink időpontjairól, és más tevékenységeinkről, kérjük látogassa meg Nemzetközi Központunk honlapját:

www.yogananda.org

Self-Realization Fellowship
3880 San Rafael Avenue
Los Angeles, CA 90065-3219
+1 (323) 225-2471-3219

A
SELF-REALIZATION FELLOWSHIP
LECKÉI

Személyes útmutatás és oktatás Paramahansza Jógánandától a jóga-meditáció technikáival és a spirituális élet elveivel kapcsolatban

Ha vonzódást érzel Paramahansza Jógánanda spirituális tanításaihoz, arra buzdítunk, hogy iratkozz fel a *Self-Realization Fellowship Leckéire*.

Paramahansza Jógánanda azért alkotta meg ezt az otthoni tanulásra szánt sorozatot, hogy lehetőséget biztosítson az őszinte istenkeresőknek ama ősi jógameditációs technikák – többek között a *Krijá jóga* tudományának – elsajátítására és gyakorlására, amelyeket elhozott a nyugati világ számára. A *Leckék* egyben Srí Jógánanda gyakorlati útmutatásait is tartalmazzák kiegyensúlyozott testi, szellemi és spirituális jólétünk elérésére.

A *Self-Realization Fellowship Leckéi* jelképes összegért (amely a nyomda- és postaköltségeket fedezi) szerezhetők be. A Self-Realization Fellowship szerzetesei és apácái minden tanulónak örömmel nyújtanak személyes útmutatást gyakorlataik végzéséhez.

További információkért...

A Leckéket bemutató ingyenes, teljes körű ismertető csomagot a www.srflessons.org oldalon igényelheted.

A Self-Realization Fellowship további kiadványai...

EGY JÓGI ÖNÉLETRAJZA

Paramahansza Jógánanda életének története az igazság utáni egyedülálló keresés elmélyült beszámolója. Ügyesen fonódik bele azoknak a finom, mégis egyértelműen létező törvényeknek a tudományos magyarázata, amelyeknek köszönhetően a jógik csodákat vittek végbe, és önuralomra tettek szert. A szerző élénk részletességgel írja le indiai tanulóéveit Szvámi Srí Juktésvar közelében. Színes, mélyen emberi beszámolókban örökíti meg találkozását a Kelet és a Nyugat nevezetes spirituális személyiségeivel – köztük Mahátma Gandhival, Luther Burbankkel, a stigmákat viselő katolikus Therese Neumannal és Rabindranath Tagoréval.

A keleti filozófiával és vallással kapcsolatos tévhiteket eloszlatva e könyv kitűnő bevezetést nyújt a jóga teljes tudományába. 1946-os megjelenése óta az *Egy jógi önéletrajza* korunk egyik spirituális klasszikusa lett, amely felfedi a Kelet és a Nyugat nagy vallási útjait meghatározó tudományos alapvetéseket. Több mint ötven nyelvre lefordították, és széles körben használják főiskolai és egyetemi kurzusok anyagaként és kézikönyveként.

„Soha korábban nem látott napvilágot angolul vagy más európai nyelven ehhez fogható leírás a jógáról."

Columbia University Press

A Szent Tudomány

„Elbűvölő és világos magyarázatokkal ellátott tanulmány."

–Newsweek

„Ritka értékes beszámoló."

–The New York Times

„[Jógánanda] szemtanúként emlékezik vissza a modern kori hindu szentek rendkívüli életére és képességeire, ezért a könyv jelentősége mind időszerű és időtálló...E szokatlan önéletrajz minden bizonnyal India spirituális gazdagságát bemutató egyik legjelentősebb mű, amely valaha is megjelent Nyugaton."

- W.Y. Evans-Wentz, M.A., D.Litt., D.Sc..,
Jesus College, Oxford

„A mélyértelmü és örökre megindító bölcsességmorzsáktól elakad az ember lélegzete."

Haagsche Post, Hollandia

„E könyv rabul ejti olvasóját, mert azon törekvéseit és vágyait szólítja meg, melyek minden ember szívében ott szunnyadnak."

Il Tempo del Lunedi, Róma

„Sok nyugati nyelven íródott könyv taglalja az indiai filozófiát és ezen belül a Jógát, azonban nincs még egy, amely ekkora őszinteséggel tárja elénk olyasvalaki tapasztalatait, aki éli és megtestesíti eme alapelveket."

Kurt E Leidecker, Ph.D. Professor of Philosophy,
University of Virginia

„... egy monumentális mű."

Sheffield Telegraph, Anglia

PARAMAHANSZA JÓGÁNANDA KÖNYVEI MAGYAR NYELVEN

Egy jógi önéletrajza

A siker törvénye

Így beszélhetünk Istennel

Tudományos gyógyító megerősítések

Metafizikai meditációk

Paramahansza Jógánanda mondásai

A vallás tudománya

Ahol a fény honol

Hogyan élhetsz félelem nélkül

Belső Béke

PARAMAHANSZA JÓGÁNANDA KÖNYVEI ANGOL NYELVEN

Megvásárolhatók a könyvesboltokban vagy közvetlenül a kiadótól:
Self-Realization Fellowship
3880 San Rafael Avenue • Los Angeles, California 90065-3219
Telefon: +1 (323) 225-2471 • Fax: +1 (323) 225-5088

www.srfbooks.org

Autobiography of a Yogi

The Second Coming of Christ:
The Resurrection of the Christ Within You
Kinyilatkoztatásszerű kommentárok Jézus eredeti tanításaihoz.

God Talks with Arjuna; The Bhagavad Gita
Új fordítás és kommentárok.

Man's Eternal Quest
Paramahansza Jógánanda előadásainak és kötetlen beszélgetéseinek I. kötete.

The Divine Romance
Paramahansza Jógánanda előadásainak, kötetlen beszélgetéseinek és esszéinek II. kötete.

Journey to Self-Realization
Paramahansza Jógánanda előadásainak és kötetlen beszélgetéseinek III. kötete.

Wine of the Mystic:
The Rubaiyat of Omar Khayyam — A Spiritual Interpretation
Ihletett kommentárok, melyek fényt derítenek az Istennel folytatott bensőséges érintkezés misztikus tudományára, amely a Rubáiját rejtelmes képi világának hátterében rejlik.

Where There Is Light:
Insight and Inspiration for Meeting Life's Challenges

Whispers from Eternity
Paramahansza Jógánanda imádságainak és a meditáció emelkedett állapotában nyert isteni megtapasztalásainak gyűjteménye.

The Science of Religion

The Yoga of the Bhagavad Gita:
An Introduction to India's Universal Science of God-Realization

The Yoga of Jesus:
Understanding the Hidden Teachings of the Gospels

In the Sanctuary of the Soul:
A Guide to Effective Prayer

Inner Peace:
How to Be Calmly Active and Actively Calm

To Be Victorious in Life

Why God Permits Evil and How to Rise Above It

Living Fearlessly:
Bringing Out Your Inner Soul Strength

How You Can Talk With God

Metaphysical Meditations
Több mint 300 spirituálisan felemelő meditáció, imádság és megerősítés.

Scientific Healing Affirmations
Paramahansza Jógánanda a megerősítés tudományának mélyenszántó magyarázatával szolgál e könyvben.

Sayings of Paramahansa Yogananda
Mondások és bölcs tanácsok gyűjteménye, amely Paramahansza Jógánanda őszinte és szeretetteljes válaszait tolmácsolja az útmutatásért hozzá fordulóknak.

Songs of the Soul
Paramahansza Jógánanda misztikus költészete.

The Law of Success
Ama dinamikus elvek taglalása, amelyek segítségével az ember elérheti céljait az életben.

Cosmic Chants

60 áhítatos ének szövege (angol nyelven) és zenéje – a bevezetés megvilágítja, hogyan vezethet el a spirituális ének az Istennel folytatott bensőséges érintkezéshez.

PARAMAHANSZA JÓGÁNANDA HANGFELVÉTELEI

Beholding the One in All

The Great Light of God

Songs of My Heart

To Make Heaven on Earth

Removing All Sorrow and Suffering

Follow the Path of Christ, Krishna, and the Masters

Awake in the Cosmic Dream

Be a Smile Millionaire

One Life Versus Reincarnation

In the Glory of the Spirit

Self-Realization: The Inner and the Outer Path

A
SELF-REALIZATION FELLOWSHIP EGYÉB KIADVÁNYAI

Kívánságára elküldjük Önnek a Self-Realization Fellowship kiadványainak, illetve hang/videofelvételeinek teljes katalógusát.

Szvámi Srí Juktésvar:
The Holy Science

Srí Dajá Máta:
Only Love:
Living the Spiritual Life in a Changing World

Srí Dajá Máta:
Finding the Joy Within You:
Personal Counsel for God-Centered Living

Srí Dajá Máta:
Intuition:
Soul Guidance for Life's Decisions

Srí Gjánamáta:
God Alone:
The Life and Letters of a Saint

Szánanda Lál Ghós:
"Mejda":
*The Family and the Early Life
of Paramahansa Yogananda*

Self-Realization
(negyedévente megjelenő magazin, amelyet Paramahansza
Jógánanda indított 1925-ben)

DVD (dokumentumfilm)

AWAKE: The Life of Yogananda.
Díjnyertes dokumentumfilm Paramahansza Jógánanda
életéről és munkásságáról.

www.ingramcontent.com/pod-product-compliance
Lightning Source LLC
Chambersburg PA
CBHW031942070426
42450CB00005BA/346